JN062485

三菱総研が描く

2050年 エネルギービジョン

MRI 50th Anniversary

三菱総合研究所 環境・エネルギー事業本部［著］

三菱総研が描く、2050 年エネルギービジョン

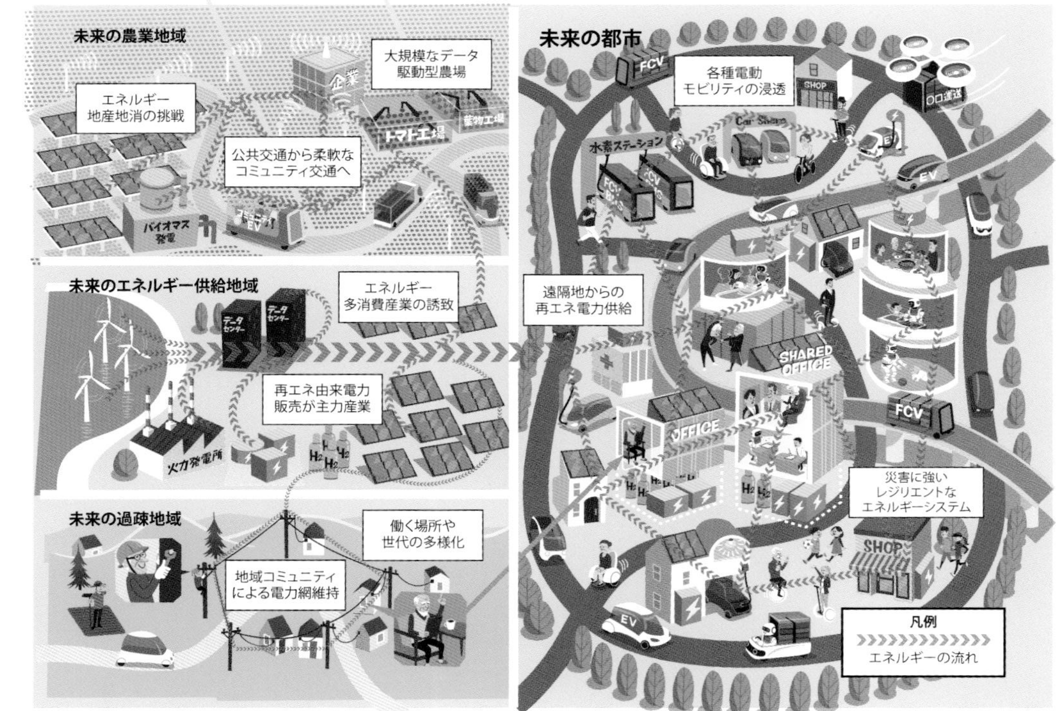

三菱総研が描く、豊かで持続可能な社会の姿

出所：「未来社会構想　2050」三菱総合研究所作成
https://www.mri.co.jp/knowledge/insight/ecovision/20191011.html

はじめに

「再生可能エネルギー主力電源化」という言葉が一般化して久しい。

日本のエネルギーシステムには、元来さまざまな課題があり、東日本大震災や、その後の自然災害により、その多くが顕在化した。諸課題の解決に向けて「再生可能エネルギー主力電源化」への期待はますます高まっている。

この言葉を捉え方は、知識や立場により大きく異なる。未来のとても華やかなイメージを重ねる人がいる一方で、同時に解決すべき障壁や副作用のイメージが先行する人も多いだろう。

この認識は、どちらが正しいというものではない。「再生可能エネルギー主力電源化」は、元来ある諸課題の多くを一気に解決する万能薬の面がありつつも、その実現にはあまりに多くの障壁が潜在している。

エネルギー需給構造を俯瞰する際、すぐにイメージされるのは一次エネルギー構成、すなわちエネルギー源の変化である。「再生可能エネルギー主力電源化」も、その意味で捉えるのが最もわかりやすい。

化石燃料などの国産資源に乏しい日本では、再生可能エネルギーの拡大はエネルギー自給率の向上に直結する。再生可能エネルギー拡大により化石燃料や原子力燃料の構成比を下げていくというのが世界的な潮流でもある。

一方で、再生可能エネルギー拡大は発電所などのエネルギー供給施設に変化をもたらすだけではなく、我々の暮らし、すなわちエネルギーを使う側の在り方を大きく変えるドライバーになる。言い方を変えると、生活者としての我々の暮らしや価値観を大きく変えることが「再生可能エネルギー主力電源化」の前提条件とも言える。

本書執筆の出発点は、ここにある。

今後の持続可能なエネルギー社会は、専門家やエネルギー業界が設備や仕組みを見直すだけで実現するものではない。生活者一人ひとりがその実現の当事者だ。

わかりやすい例で言おう。太陽光発電の多くは我々の生活域に設置されている。発電した電気は、その時点、その場で使うのが一番ロスが少ない。であれば、発電の状況になるべく消費を合わせていきたい。夜間や曇天のことを考えると電池が欲しくなる。電気自動車を買えば、搭載電池も役立てられそうだ。電気が余っているときになるべく充電しておきたい。家の電気が足りないときには車に充電した電気を使いたい。移動先ではどうだろう。余っている電気があるならば安く利用したい。できれば多少高くても再生可能エネルギー由来の電気を買いたい。故郷の水力発電所の電気ならもっと高くてもよい。留守中は、お隣さんに電気をお裾分けしたい。車をしばらく使わないときには、電池を使ってもらってよい。お隣さんでなくてもよいかもしれない。などなど、これだけでも生活者の役割について大いに思考や夢が膨らむ。

このように、これからのエネルギー社会では、我々の暮らしに事業所や工場などを加えた需要家側の役割が大きく変貌することが予期され、また、能動的に機能することが期待されている。選択を可能にする技術の進展に加え、大胆な制度面の変革、そして何よりも我々が必ずどこかに帰属する生活者や需要家としての機能を見直し、固定観念を覆す必要もある。

三菱総合研究所は総合シンクタンクとして、これまでエネルギー問題に絡む多くの政策調査や民間企業の調査・コンサルティングを担ってきた。これからも他分野にも絡む総合問題の調査・コンサルティングを通じて課題解決に貢献したいという強い意欲を持っている。しかしながら、それだけでは、十分ではないという思いがある。

本書は、エネルギー業界の関係者の皆様はもちろん、異業種からエネルギー社会を展望したい方、新しいビジネスチャンスをうかがう方、さらにはこれからの暮らしの変化を自らの何らかの人生設計に役立てたい方、まずはエネルギー問題の本質を知りたい方などなど、幅広い方々をターゲットにしている。エネルギー問題の本質を的確に捉え、「生活」や「まち」を切り口にその解決への道筋を示そうと、それぞれの専門を有する研究員が議論した結果をとりまとめたものである。

執筆にあたっては、一見不明瞭な、生活者に及ぶエネルギー社会の大きな変化をなるべく本質を外さずも平易に描き、読者がそれぞれの立場で必要なムーブメントを具体的にイメージできることを重視している。そのため、エネルギー分野の専門家の皆様にとっては、やや物足りない面もあるかもしれないが、諸課題を生活者に引き寄せるための頭の整理としてご活用いただきたい。

多分に漏れず、エネルギー社会においても、これからは生活者の多様なニーズを吸収していくことが大きな潮流でもある。無意識から意識への変化を促し、こだわりの連鎖を許容し、そこに産まれる新たな価値を大きな変革の原動力にする、そんなエネルギー社会づくりに本書が貢献することができれば筆者らの望外の喜びである。

2020 年 5 月吉日

株式会社三菱総合研究所
コンサルティング部門　統括室長
（前シンクタンク部門　環境・エネルギー事業本部長）
園山 実

［目次］

はじめに …………………………………………………………………… 1

エネルギーの基本～エネルギーのサプライチェーン～………………… 9

0. 日本のエネルギーが「今」直面する課題 ……………… 15

0.1 脱炭素化とエネルギー ……………………………………… 16
0.2 少子高齢化とエネルギー …………………………………… 23
0.3 インフラ危機とエネルギー………………………………… 24
0.4 中東問題とエネルギー ……………………………………… 28
0.5 デジタル技術とエネルギー ………………………………… 30

1. 三菱総研が考える
2050年のエネルギーシステム ……………………… 33

1.1 理想のエネルギーとは ……………………………………… 34
1.1.1 供給者側から見た『理想のエネルギー』～ 3E＋S～ ……………………… 34
1.1.2 需要家側から見た『理想のエネルギー』～4つのキーワード～ …………… 36
1.1.3 供給者と需要家をつなぐ理想のエネルギーの在り方 ……………………… 38

1.2 2050年のエネルギーシステム…………………………………… 39

2. 未来の生活とエネルギー ………………………………… 43

2.1 未来の仕事とエネルギー …………………………………… 47
2.1.1 未来の仕事とは：働く場所や世代の多様化 ……………………………… 47
2.1.2 働き方の多様化が招くエネルギー面での課題……………………………… 49
2.1.3 多様な働き方にも対応できる社会インフラの整備 ………………………… 49

2.2 未来のクルマとエネルギー …… 51
2.2.1 未来のクルマとは:多様な選択肢の登場 …… 51
2.2.2 モビリティ動力源の変化がもたらす新しいエネルギー需要 …… 52
2.2.3 MaaSで高まるモビリティの利便性とエネルギー効率 …… 56

2.3 未来の住宅とエネルギー …… 61
2.3.1 未来の住宅とは:スマートハウスの実現とハウス間エネルギー融通 …… 61
2.3.2 V2Hが実現する太陽光による自給自足の暮らし …… 62
2.3.3 隣の家から直接電気を買う時代 …… 66

2.4 災害に強いレジリエントなエネルギーシステム …… 70
2.4.1 エネルギーに対する国民の意識の変化 …… 70
2.4.2 レジリエントなエネルギーシステムの構築と脱炭素化に向けた課題 …… 73
2.4.3 将来に受け継ぐ財産としてのインフラ整備 …… 75

3. 未来の地域とエネルギー …… 77
3.1 未来の都市とエネルギー …… 79
3.1.1 未来の都市とは …… 79
3.1.2 都市を支える遠隔地からの再生可能エネルギー由来電力供給 …… 86

3.2 未来の農業一芸地域とエネルギー …… 90
3.2.1 未来の農業一芸地域とは …… 90
3.2.2 持続可能なデータ駆動型農業を支える電化 …… 94
3.2.3 エネルギーの地産地消への挑戦 …… 99

3.3 未来の工業一芸地域とエネルギー …… 101
3.3.1 未来の工業一芸地域とは …… 101
3.3.2 さらなるエネルギー利用の高度化が求められる工業地域 …… 104
3.3.3 新たな脱炭素技術メニュー　普及拠点としての可能性 …… 107

3.4 未来のエネルギー一芸地域 …… 109
3.4.1 エネルギー一芸地域とは …… 109

3.4.2 エネルギー供給地域を実現できる場所 …… 114
3.4.3 エネルギー関連ビジネスの活発な地域へ …… 117

3.5 未来の過疎地域とエネルギー …… 120
3.5.1 電力会社が去る未来 …… 120
3.5.2 地域コミュニティ主導による電力供給網の維持 …… 124
3.5.3 国民の意思が問われる過疎地域エネルギーの未来 …… 131

4. 未来のエネルギーシステムの実現に向けて …… 133
4.1 再生可能エネルギー主力電源化 …… 134
4.1.1 再生可能エネルギー主力電源化への道 …… 134
4.1.2 太陽光発電の大量導入に向けて …… 137
4.1.3 風力発電の大量導入に向けて …… 139
4.1.4 再生可能エネルギー発電とエネルギー貯蔵 …… 142
4.1.5 その他のカーボンフリー電源の可能性 …… 143

4.2 エネルギーマネジメントサービスが基盤に …… 149
4.2.1 エネルギーマネジメントがより重要になる未来 …… 150
4.2.2 エネルギーマネジメントサービスとは …… 155
4.2.3 エネルギーマネジメントサービス発展に向けた課題と論点 …… 163

4.3 エネルギー貯蔵システムの確立 …… 167
4.3.1 蓄電池により電気が貯められる世界に …… 167
4.3.2 蓄電池により実現できる生活・仕事 …… 170
4.3.3 蓄電池導入拡大に向けた課題 …… 176
4.3.4 エネルギーを水素で貯めるという選択肢 …… 180

4.4 既存アセット・インフラの有効活用 …… 183
4.4.1 火力発電の有効活用 …… 183
4.4.2 原子力発電の有効活用 …… 184

4.5 エネルギー構造転換に向けた人材育成 …… 186
4.5.1 課題「解決」先進国になるための人材 …… 186

4.5.2　エネルギー構造転換のために求められる人材 …… 188

4.6　エネルギー構造転換に向けた技術開発 …… 190
4.6.1　未来エネルギー関連技術は誰が主導するか …… 191
4.6.2　エネルギー未来像を支える技術候補 …… 196
4.6.3　2050年エネルギー未来像を見据えた技術開発の進め方 …… 206

〈緊急追補〉
新型コロナウイルスによる電力需要への影響 …… 209

おわりに …… 216

脚注 …… 218
用語集 …… 221
執筆者紹介 …… 226

エネルギーのきほん
～エネルギーのサプライチェーン～

（エネルギーについて知識をお持ちの方は、0.から読み始めることを推奨します）

本書を読むうえで、エネルギーについてあまり知識を持ち合わせてないという方のために、我々が使っているエネルギーのサプライチェーンについて、概略を説明しよう。

我々が普段使っているエネルギーは主に、電力、都市ガス、石油製品（灯油、ガソリン、プロパンなど）がある。ほかに、工場や発電所などでは石炭や石炭製品も使われている。ここでは、電力、都市ガス、石油製品を例に、エネルギーのサプライチェーンを俯瞰してみよう。

電力

我々の生活は、電力に依存しており、電力なしで生活を続けることは極めて難しい。それは、大規模災害によって長時間の停電に見舞われてしまったときのことを考えれば、明らかであろう。電力は、さまざまな種類の発電所によって作られ、送電線などの設備を経由して、電力を使いたい人のところまで送り届けられている。なお、電力などのエネルギーを最終的に使いたい人のことを、本書では需要家という言葉で表現している。

発電所が使うエネルギー資源から、需要家までのサプライチェーンを表すと次頁の図のとおりとなる。

発電の方法には多くの種類があるが、ここでは、火力発電、水力発電（大規模なもの）、原子力発電、再生可能エネルギー発電（大規模な水力発電以外）に大別して解説する。

火力発電にもさまざまな発電方式があるが、石炭・石油・天然ガスといった化石燃料を燃焼させ、それによって得られる運動エネルギーで発電機を回転させて電力を生み出す仕組みが一般的である。日本は、化石燃料資源の乏しい国であり、燃料の多くは輸入に頼っている。また、化石燃料を燃焼させると、二酸化炭素を排出する。これが地球温暖化を引き起こす要因となっている。

原子力発電は、ウランを燃料とし、その核分裂によって得られる大量の熱エネルギーをもとに、水蒸気を発生させ蒸気タービンを回し、発電機を

電力のサプライチェーンイメージ

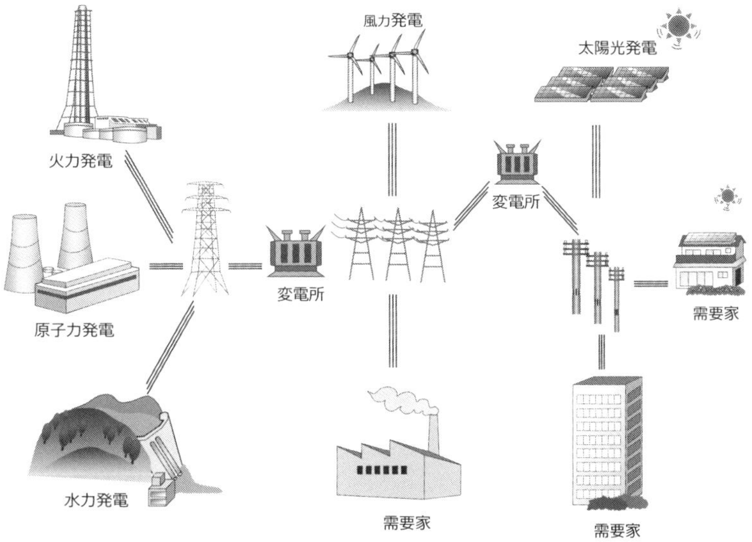

出所：三菱総合研究所作成

回転させて電力を生み出している。火力発電と異なり、発電時には二酸化炭素を排出しない。ただし、核分裂の際に発生する放射性物質（核分裂生成物）は人体に有害であるため、これを外部環境に放出しないよう、厳重な管理が必要である。

大規模水力発電や、その他の再生可能エネルギー発電（太陽光発電、風力発電、地熱発電など）は、ほぼ無尽蔵に存在する自然エネルギーを利用して発電するものであり、枯渇することなく発電し続けることが可能であり、かつ発電時に二酸化炭素を排出しない。ただし、特に太陽光発電や風力発電は、出力が気象条件によって変動し、安定的に電力を得ることが難しい。また、大量の電力を得るためには多くの敷地面積が必要となる。

このようなさまざまな発電所のうち、大規模な発電所から生み出された電力は、非常に高い電圧で送電され、いつくかの変電所を介して徐々に電圧階級が下げられ、最終的には、電柱の上に設置されている柱上変圧器にて家庭内で利用可能な電圧となって我々の家庭に届けられている（電線が地中化されている場合には、変圧器のみ地上に設置されている）。このような発電所から需要家まで電力を送り届けるシステム全体を、電力系統、また単に系統と呼んでいる。

日本の電力系統は、一部を除いて基本的に交流という方式によって電力が送られている。交流電力には周波数というものがあり、東日本では50Hz、西日本では60Hzという周波数で統一されている。この周波数が乱れてしまうと、大規模停電の原因となってしまうため、電力系統を管理している電力会社（一般送配電事業者）は、さまざまな運用面での取り組みによって、周波数を安定させた状態で電力を送り届けている。

電力系統を運用するうえでは、周波数を一定の範囲内で安定化させなければならないが、そのためにはいくつか守らなければならないことがある。まず、必要とされる電力量（需要量）と発電する電力量（供給量）を常に一致させなければならない。これを同時同量の原則と呼んでいる。ただし、需要量は常に変化するし、太陽光発電などの出力も常に変化する。こうした変化に対しては、変化の時間的な幅に応じて、複数の調整手段を講じ、結果的に同時同量を保持している。このような変化への対応力を、調整力という言葉で表現することがある。

近年、大量に導入が進んでいる太陽光発電の場合、その規模によって電力系統のさまざまな電圧階級に接続されている。太陽光発電や風力発電が大量に系統に接続されると、発電量の変化量も大きくなるため、系統が持っておくべき必要調整力も増えることになる。例えば、より多くの火力発電が余力を持った状態で運転し、出力を短時間で上げ下げできるようにしておくことが大事になる。

このように再生可能エネルギーが大量に導入されると、電力系統の運用が複雑になっていくだろう。

都市ガス

都市ガスのサプライチェーンは、沿岸部の都市ガス製造所を起点に、いくつかの中継点をガス導管が結び、最終的に需要家までガス導管によって送り届けられる構成となっている。多くの製造所では、天然ガスを液体の状態（液化天然ガス）で輸入し、一定量タンクに貯留し、常温に戻して気化させ、熱量調整などを行い、送り出している。

都市ガスも製造所からは圧力の高い状態で送り出し、徐々に圧力を下げて供給しており、この点は電力と類似しているとも言える。ただし、都市ガスの場合は、中継地点でガスホルダー（ガスタンク）に一定量を貯蔵することが可能であり、需要側の変動に対して比較的容易に対応が可能である。

石油製品

灯油、ガソリン、プロパンなどの石油製品のサプライチェーンは、製油所にて原油を原料として各種石油製品を製造し、ローリーなどで需要地点近くまで輸送する仕組みとなっている。石油製品は液体のものが多く、可搬性に優れ、中継地点や需要地点における貯蔵も比較的容易である。災害時で交通網が分断されてしまった場合でも、ガソリンスタンドなど、ある程度の貯蔵量が確保されていれば、しばらくは供給を続けることが可能となるケースが多い。

ただし、原料である原油自体はほとんどを海外からの輸入に依存しており、かつ政情が比較的不安定な中東からの輸入が多いため、製油所よりも上流のサプライチェーンは一定のリスクを抱えていると言える。そのため、日本では、原油自体を一定量備蓄し、万が一の事態に備えている。

0

日本のエネルギーが「今」直面する課題

本書は、エネルギーの未来について語るものであるが、未来を語るためには、今を適切に認識していなければならない。ここではまずは、エネルギーをめぐる「今」について取り上げてみよう。

日本のエネルギーが「今」直面している課題は多様化･複雑化している。ここでは、脱炭素化、少子高齢化、インフラ設備、中東問題、デジタル技術の5つの観点で、2050年に向けてエネルギーが向き合うべき課題を確認したい。

0.1 脱炭素化とエネルギー

(1) 低炭素から脱炭素へ

日本のエネルギーが突きつけられている最難関の課題は、脱炭素社会の実現であろう。具体的には、我が国は温室効果ガスに関する国際的な目標として『2030年に2013年度比マイナス26%』を宣言し、さらに『2050年には80%減目標』を掲げている。すなわち、我々は今、2050年80%減という非常に高い目標を達成するエネルギーシステムを検討する必要に迫られている。

地球温暖化のリスクが世界的に注目され始めたのは1980年代末頃である。1990年にIPCC（気候変動に関する政府間パネル）[1]による最初の評価報告書が発表され、1992年6月には、リオで開催された地球サミットで気候変動枠組条約が採択された。世界的に地球温暖化対策が議論となり始め、1997年には、京都にて開催された気候変動枠組条約第3回締約国会議（COP3）にて、具体的に排出量の削減を義務付ける内容を盛り込んだ京都議定書が議決された。2005年には、京都議定書が発効したことで法的な削減義務が発生し、先進国では、国のリーダーシップのもと温室効果ガス削減を強力に進めてきた。

京都議定書では、中国やインドといった新興国は参加せず、先進国の

表 0-1 気候変動をめぐる国内外の潮流

年次	気候変動をめぐる主たるイベント
1992	地球サミット（リオ）にて国連気候変動枠組条約を採択
1995	気候変動枠組条約締約国会議（COP）がスタート（以降、毎年開催）
1997	COP3（京都）京都議定書を採択
2005	京都議定書が発効
2007	【国内】「美しい星へのいざない　Invitation to Cool Earth 50」 IPCC 第4次評価報告書を発表
2009	COP15（コペンハーゲン）気温上昇を2℃以内に抑えるという目標を議論
2010	COP17（ダーバン）すべての国が参加する新たな枠組み構築を目指すことを確認
2012	【国内】エネルギー基本計画に「2050 年までに 80%の温室効果ガス排出削減」目標を明示
2014	IPCC 第5次評価報告書を発表
2015	COP21（パリ）パリ協定を採択
2019	【国内】脱炭素社会を目指すとした「パリ協定に基づく成長戦略としての長期戦略」を策定

出所：各種資料より三菱総合研究所作成

みが削減目標を持っていたことや、米国が参加していなかったことから、2011 年 COP17（南アフリカ）では、京都議定書に代わる「すべての国が参加する新たな枠組み」の構築作業に入ることが同意される。その後、4 年の交渉の結果、2015 年 12 月に採択されたのが有名なパリ協定である。[2]

一方、2050 年 80％減を目標とするに至った背景は以下のとおりである。

2007 年に IPCC の第 4 次評価報告書が公表され、以下の事項が示された。

✓産業革命以降に 1 ℃近く気温が上昇している

✓さらに 1 ℃上昇することによって、主に生態系に具体的なリスクが顕在化する

これを受けて COP15（2009 年、コペンハーゲン）では、「長期的な排出削減の指針として、産業革命以前からの温度上昇を 2 ℃未満に抑制すること（2 ℃目標）」が国際社会において共通的に果たすべき目標として示された。さらに、IPCC の第 5 次評価報告書（2014 年 11 月発表）において、現状を上回る追加的な温暖化対策を取らなかった場合には、今世紀末の気

温上昇が2.6～4.8℃になり、2℃目標を達成するためには、① 2050年までに40～70%削減（2010年比）、② 21世紀末までに排出をほぼゼロとすることを要すると示された。

一方の日本政府は、2007年5月に安倍首相（当時）が「美しい星へのいざない Invitation to Cool Earth 50」にて、「世界全体の排出量を現状に比して2050年までに半減する」という長期目標を全世界共通目標とすることを提案した。2012年4月に閣議決定した第4次環境基本計画においても「長期的な目標として2050年までに80%の温室効果ガスの排出削減を目指す」ことを明記した。この目標は後に示されたIPCC第5次評価報告書内容と整合的なもので、約束草案として気候変動枠組条約事務局に提出した『2030年に2013年度比マイナス26%』の先の目標として掲げられている。

さらに、2019年6月に閣議決定された「パリ協定に基づく成長戦略としての長期戦略」では、最終到達点として「脱炭素社会」を掲げている。脱炭素社会とは、二酸化炭素をはじめとする温室効果ガスの排出に関し、排出量から吸収量や貯留量を差し引いたときに、正味では排出がゼロ以下である状態が持続されている社会と考えられる。こうした社会を実現するとなると、ほとんどの分野で化石燃料の利用はできないと見るべきだろう。『2050年に80%削減』は、こうした脱炭素社会に向けた通過点であり、革新的な省エネ、再生可能エネルギーの徹底利用、二酸化炭素（CO_2）の回収・貯留も含めた排出削減の全総力をもってしても相当難易度の高い目標である。

COLUMN

2050年80%削減を実現するために

2050年にエネルギー起源CO_2を80%削減することを制約条件に与え、三菱総合研究所がMARKAL-JAPAN-MRIモデルを用いてシミュレーションを実施したところ、需要側は大幅な省エネに加え、家庭や業務部門では熱需要の電化シフト、運輸部門では電気自動車や燃料電池自動車への大胆なシフトが必要という結果が得られた。

最終エネルギー消費の構成をみると、これまで過半を占めていた石油製品は大幅に縮小し、大幅な電化が進む。一次エネルギー供給構成では、原油の輸入がほぼなくなり、再生可能エネルギーが最大のシェアを占めることとなる。

石油業界は、原油から軽質油で付加価値を得る従来の事業構造から、別のエネルギーキャリアを生み出す事業へと変化し、ガス業界も電気事業への参入度合いがより強まると考えられる。2050年において、これらの業界の企業は、総合エネルギー企業として需要家に対して最適なエネルギーを供給する役割を果たしており、そのエネルギー形態の主役は、脱炭素化が進展した電力となっていると予想される。

2050年80%削減の姿

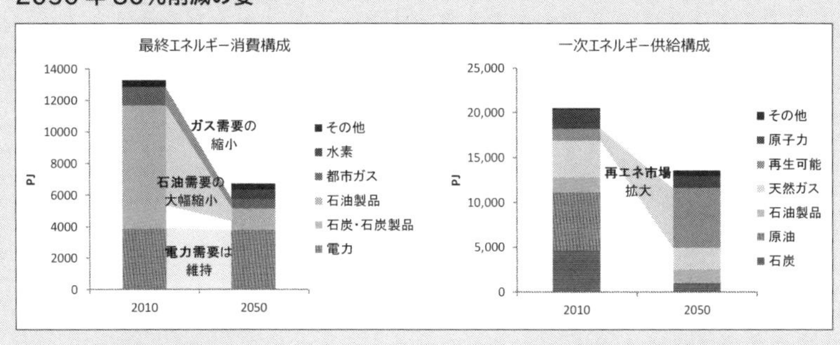

出所：三菱総合研究所推計

(2) 脱炭素社会に向けた推進力

上記のとおり、政府は『2050年に80%削減』という高い目標を国際社会に対して掲げており、脱炭素社会に向けたエネルギーシステムを実現すべくさまざまな施策を打ち出している。しかし、今、エネルギーシステムの脱炭素化にプレッシャーをかけるのは、政府だけではない。

パリ協定自体は、基本的に今後の国際的な取り組みについて方向性を示したものであるが、パリ協定以降、気候変動問題の対応には非政府主体の取り組みが先導を担ってきたと言ってよいだろう。非政府主体とは、例えば、民間企業、金融機関、非営利組織（NPO）などである。特に民間企業が脱炭素化の取り組みを加速させることによる効果は大きく、企業グループの自主的な取り組みや金融機関・NPOによる企業の脱炭素化に向けた取り組みを促す仕組みが拡大している。

具体的には、企業活動に伴う環境影響及びそれに対する取り組み状況の開示を求めるカーボン・ディスクロージャー・プロジェクト（CDP)、企業活動で必要となるエネルギー（今のところ電力に限るが）を再生可能エネルギーで賄おうとするRE100（企業が自ら消費する電力を再生可能エネルギー由来の電力で100%賄う取り組みであり、企業が自主的に目標を掲げるもの)、パリ協定が目指す社会と整合的な目標を掲げるSBT(Science Based Targets)、金融側が事業活動を行う企業に対して気候変動に関する積極的な情報開示を促すTCFD（Task force on Climate-related Financial Disclosures）など、非政府主体が中心となって企業の気候変動に対する取り組みをより求めていく社会システムが出来上がりつつある。

ただし、例えば、RE100に関して言うと、現状では、変動する再生可能エネルギーの供給と企業側のエネルギー需要を、リアルタイムで一致させることまでは求められていない。累計の再生可能エネルギー供給量がエネルギー需要量を上回ればRE100として認められ、今、この瞬間消費しているエネルギーは必ずしも再生可能エネルギー由来である必要はない。

現実的には、特に夜間の電力需要に対し、蓄電池を併設していない限り太陽光発電によるエネルギーを供給することは困難で、リアルタイムでの需給一致は難易度が相当高い。その意味でRE100は、完全なる再生可能エネルギー100％利用を求めない実験的な取り組みと言ってもよいだろう。それでも、この取り組みに対して名のあるグローバル企業が率先して賛同し、自らの積極的な取り組みをアピールするとともに、サプライチェーン企業に対してもより環境負荷の低いエネルギーを利用しての事業活動を求める動きが広まっている。

2050年のエネルギーシステムを考えるにあたっては、政策だけでなく、こうした非政府主体の動きを念頭に置く必要がある。国による規制や支援策だけではなく、投資家や世論などからの期待を踏まえて企業が自らの関わるエネルギーを選択するようになることで、未来のエネルギーシステムは、よりドラスティックな変革を経験する可能性がある。

COLUMN

TCFDがもたらす環境と金融の新しい流れ

発電所などの大規模施設の新設には巨額の資金を必要とする。そして、一旦建設されれば数十年間にわたって継続して稼働させ、投資を回収する必要がある。したがって、長期的な温室効果ガスの大幅排出削減のためには、今すぐにでも投融資の在り方を変えていくことが必要であり、その意味で金融機関の果たす役割は大きい。

G20財務大臣・中央銀行総裁会議の意向を受けて金融安定理事会（FSB）が「気候関連財務情報開示タスクフォース（TCFD：Task Force on Climate-related Financial Disclosures）」を設立、2017年6月に最終報告書を公表した。報告書では、企業などに対し、気候変動に関連するリスクや機会をどのように捉えているかを示すために、ガバナンス、戦略、リスク管理、指標と目標の4項目について情報開示することを推奨している。

TCFDは、気候変動対策を義務付けるものではなく、企業が気候変動についてどのように検討しているかを明らかにするよう促す取り組みである。このような動きが気候変動対策として、どれほど効果的なのかは現時点では未知数である。しかし、TCFDへの対応は、シナリオの検討などを通じて、気候変動及び気候変動対策が自社にもたらすリスクや機会への影響を社内で経営課題として受け止め、長期の視点から経営戦略を策定し、10年後、20年後の事業の在り方を考えるきっかけとなる。

COP25の結果が示すように、パリ協定に基づく国際交渉は難航している。脱炭素化に向けた要請が高まるなか、気候変動問題の解決に向けて、TCFDなどの民間主導によるイニシアチブの存在感はますます高まっている。

各国のTCFD賛同機関数

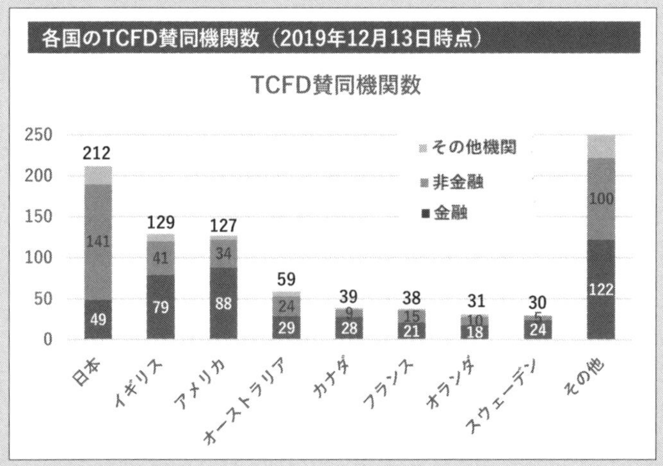

注：各国のTCFD賛同機関数：日本は1位であり、他国とは異なり、情報開示を求められる立場である非金融部門（事業会社など）の割合が高いという特徴がある。
出所：TCFDコンソーシアム

0.2 少子高齢化とエネルギー

(1) 不均一なエネルギー需要減少

2017年4月、国立社会保障・人口問題研究所は、2050年時点の日本の人口は1億192万人と2015年（1億2709万人）に比べて約20％減少、2053年には1億人を割ると予想している。[3] 2050年の65歳以上の人口割合は37.7％と4割近い（2015年は26.6％）。過去に例のない、極めて急激なスピードでの少子高齢化である。世界全体を見れば、人口は増加傾向にあるほか、日本同様人口減少傾向にある欧米の先進国でも、日本ほど急激な変化は見込まれない。

「人が減る」ということは、国内のエネルギー需要も減る可能性が高い。それも、均一に減るのではない。後述するとおり、都市部には人が集約され、過疎地からは人が去っていき、都市と地方の人口バランスが変わる。これに合わせて、エネルギーの需要も都市部の需要は密に、過疎地の需要はますます疎になっていくことが予想される。

上下水道や道路インフラと同様、エネルギーも我が国の隅々まで供給するためのインフラ整備に注力してきた。例えば、電気は、大規模な発電所で作られ、送配電線を通して都市部でも人口減少の著しい過疎地でもスイッチひとつで電灯がつく環境にある。しかし、今後、特に地方で人口が急激に減少すれば、せっかく整備されているエネルギーインフラは多くの使い手を失ってしまう。電気料金やガス料金の収入を失ったまま、ユーザーが大きく減少したインフラの維持管理を続けることは難しい。

日本を舞台にエネルギーの未来を考えるにあたっては、従来のようなインフラ拡充・普及率拡大を前提とする考え方を改める必要がある。急激かつ不均一なエネルギー需要減少を前提に、最適なエネルギー供給の仕組みづくりを考えなければならない。

(2) 少子高齢化がもたらす変化

人口が減るのと同時に、高齢化が進む。年齢構成が変化すればエネルギー消費傾向にも変化が生まれる。例えば、病院や介護施設でのエネルギー消費が増え、学校など若年層向け施設のエネルギー消費が減少する。

加えて、高齢者が人口の4割程度を占める2050年においては、シニア層といえどもアクティブに働き、遊び、生活することが期待されており、こうした活動を支援するための仕組みとして、新たなエネルギー需要が生じる可能性もある。シニアカーや活動をアシストするロボットなどが、その例である。

高齢化の影響は、エネルギー需要の変化だけではない。この国のエネルギー供給を支える技術者の減少・高齢化も想定しなければならない。例えば、現在、遠方の発電所からいくつもの山を越え川を越え、送電線を通って電力が都市部で便利に使えているのは、変電所や架空送電線などを日々保守点検している担当者がいて、冬場には送電鉄塔から雪下ろしを行い、トラブルがあれば飛んで行って修復しているからである。送配電だけでなく、それぞれの種類の発電所、ガス導管、ガス製造所、石油分野にも専門人材がいて我々の快適なエネルギー利用を支えている。多くの業界と同様、エネルギー業界でも技術者の減少、後継者不足は課題となっており、2050年には、デジタル技術やロボット技術などのテクノロジーを駆使しつつ新しいエネルギー業界をつくっていくことが求められる。

0.3 インフラ危機とエネルギー

(1) 老朽化するエネルギーインフラ

道路、橋、トンネル、上下水道——こういった社会インフラは高度経済成長期に整備されたものが多く、近年老朽化が懸念されている。エネルギーインフラも同様である。例えば、現在の送配電インフラは1970～1990年代に導入されたものが多く、設備更新時期が近い将来まとめてやってくることになる。人口減少により電気料金収入が減少するなか、老朽設備を適時適切に更新することは困難を増す。

老朽化したエネルギー設備は、大きな事故を引き起こす恐れがある。記憶に新しいところでは、2016年10月に発生した埼玉県新座市の送電施設の火災事件が挙げられる。新座変電所から東京都豊島区・練馬区方面に伸びる地下の送電線で火災が発生し、都内で一時58万戸の停電が発生した。大都市圏の停電によりエレベータ閉じ込め、鉄道運行停止の被害が起きている。同年11月に東京電力パワーグリッドが経済産業省に提出した報告書[4]によると、ケーブル接続部で漏電が発生した結果、接続部が破裂し、他のケーブルに延焼したとしている。破裂したケーブルは敷設後35年以上経過した古いタイプのもので、現在は使われていない絶縁用のオイルを利用しており、これが延焼を招いた可能性が指摘されている。東京電力管内だけで地下の送電線総距離は約1万2,400kmあるとされ、地球3分の1周の長さに相当する[5]。最も古いものは敷設50年以上が経過しているが、これをすべて更新するには膨大な予算と時間が求められる。

こうした老朽化エネルギーインフラへの対応として、エネルギー各社では、モノのインターネット（IoT）を活用した異常予兆検知を導入するなど、対応を迫られている。

COLUMN

デジタル技術で老朽電線対策

老朽化するエネルギー設備、とりわけ広域での点検が求められる送電線については、人工知能（AI）やビッグデータなどのデジタル技術を用いた異常検知システムの開発・導入が急ピッチで進められている。

例えば、東京電力パワーグリッドは、テクノスデータサイエンス・エンジニアリング株式会社（TDSE）と連携して架空送電線診断システムを共同開発し、2018 年上期より運用を監視している。東京電力パワーグリッドが蓄積している各送電線の VTR 撮影データや点検技術と、TDSE が有する AI や深層学習の技術を融合させて、異常検知の高度化と点検時間半分以下への短縮が可能としている。

人工知能を活用した架空送電線診断システム共同開発のイメージ

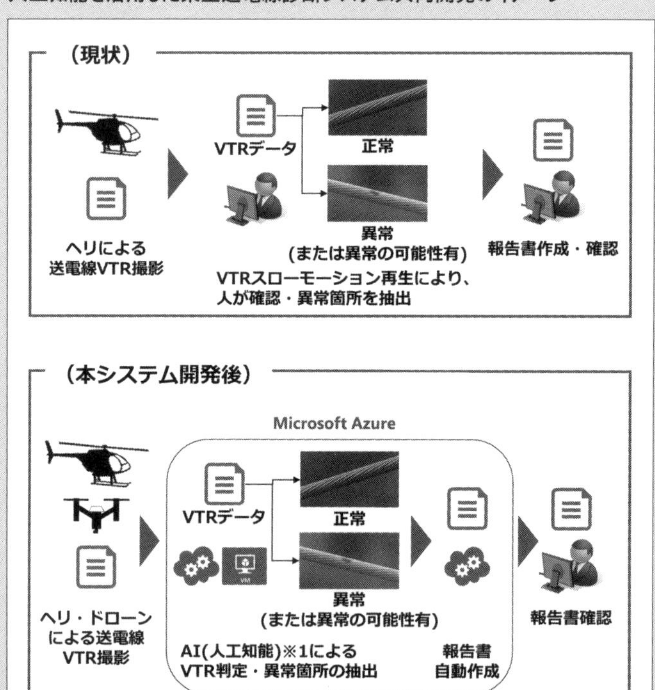

出所：東京電力パワーグリッド株式会社ウェブサイト
http://www.tepco.co.jp/pg/company/press-information/press/2017/pdf/171109j0101.pdf

(2) 大規模自然災害への対応

エネルギーインフラの危機は、老朽化のみにて引き起こされるものではない。大規模自然災害が引き金になるケースだ。ここ数年、洪水、土砂災害、地震などの大規模災害に伴うエネルギーインフラの大きな損傷が立て続けに発生した。2018年9月に発生した北海道胆振東部地震では、震源近くの苫東厚真発電所が停止し、送電線の事故も相まって、道内全域約295万戸が停電した。エリア全域の停電、いわゆるブラックアウトで、国内では初めての経験だった。また、2019年9月の台風15号、同年10月の台風19号と立て続けに被災した千葉県では、各所で強風による送電線への被害が相次ぎ、大規模な停電が続いた。

近年、気象の激甚化を肌身で感じている読者は多いだろう。地球温暖化に伴う気候変動により水害・土砂災害・渇水被害の頻発化や激甚化が懸念されており、残念ながら気象災害は収まる気配が見えない。また、東日本大震災などを教訓に、南海トラフ巨大地震、首都直下地震への対応も急がれている。エネルギーインフラのみならず、道路、橋、上下水道なども同様であるが、老朽化しているところに災害による一撃を受けると、致命的な損傷になる懸念がある。

2018年10月、北海道胆振東部地震による国内初のブラックアウトなどを受けて、経済産業省では、電力レジリエンスワーキンググループ[6]を立ち上げた。「レジリエンス」とは強靱性の意味で、ワーキンググループでは、災害に強い電力供給体制の在り方について議論された。このなかでは、大規模電源に電力供給力が集中しすぎることのリスク、大規模電源の停止などによる周波数の変動に耐える電力供給システムの重要性、蓄電池やコージェネレーション（熱電併給）システムの活用、ディマンドレスポンスなどの分散型エネルギーリソースの活用など需要側のレジリエンス向上の可能性などが議論された。

2014年、国連世界気象機関（WMO）は、世界各国の気象キャスターたちによる「2050年9月の天気予報」を発表した。NHKが制作した日本版によると、2050年8月に東京の真夏日は連続50日以上、熱中症で亡くなった方は6500人を超えて過去最悪、スーパー台風が接近し高潮は5～10mの危険性――と衝撃的な内容が続く。2050年のエネルギーインフラには、こうした厳しさを増す大規模災害リスクに対するレジリエンスを備えなければならない。

0.4 中東問題とエネルギー

周知のとおり、日本は、石油をはじめとする化石燃料の多くを中東から輸入している。太陽光発電、風力発電などの再生可能エネルギーの導入が急速に進んではいるが、現時点で自動車用の燃料や火力発電の主なエネルギー源は化石燃料であり、中東産油国への依存からすぐには抜け出せない。石油については、2017年度輸入量の約87%をサウジアラビア、アラブ首長国連邦（UAE）、カタール、クウェート、イラン、イラクといった中東産油国に依存しており、ガスについても23%が中東由来となっている。[7]

一方、中東は、政治的に不安定な地域でもある。2019年6月には、日本の海運会社が用船したタンカーが、ホルムズ海峡で攻撃を受けて炎上した。米国は、イラン政府による攻撃とし、一方のイラン政府はこれを否定したことで、緊張が高まっている。この事件自体でただちに日本のエネルギー供給に支障をきたすわけではないが、万が一ホルムズ海峡封鎖などの事態になれば大きな影響が生じることは必至である。また、2019年9月には、イエメンで活動する親イラン武装組織フーシ派が、ドローン（無人航空機）でサウジアラビアの石油施設を攻撃し、原油価格が最大20%まで跳ね上がる事態となった。これらの事件を通じて、我が国の中東に依存したエネルギー供給システムは、政治的に不安定な薄氷の上に成り立っていることを再認識させられる。

では、なぜ、そんな不安定な中東地域に依存せざるを得ないのか。その

図 0-1 中東へのエネルギー依存

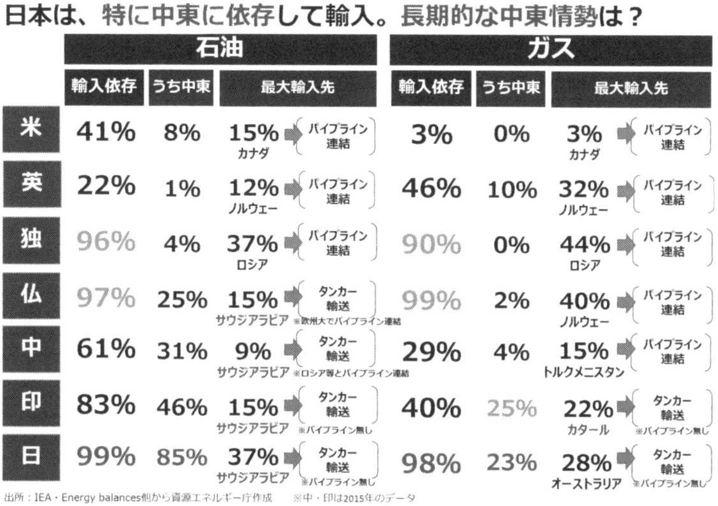

日本は、特に中東に依存して輸入。長期的な中東情勢は？

	石油				ガス			
	輸入依存	うち中東	最大輸入先		輸入依存	うち中東	最大輸入先	
米	41%	8%	15% カナダ	パイプライン連結	3%	0%	3% カナダ	パイプライン連結
英	22%	1%	12% ノルウェー	パイプライン連結	46%	10%	32% ノルウェー	パイプライン連結
独	96%	4%	37% ロシア	パイプライン連結	90%	0%	44% ロシア	パイプライン連結
仏	97%	25%	15% サウジアラビア	タンカー輸送 ※欧州大でパイプライン連結	99%	2%	40% ノルウェー	パイプライン連結
中	61%	31%	9% サウジアラビア	タンカー輸送 ※ロシア等とパイプライン連結	29%	4%	15% トルクメニスタン	パイプライン連結
印	83%	46%	15% サウジアラビア	タンカー輸送 ※パイプライン無し	40%	25%	22% カタール	タンカー輸送 ※パイプライン無し
日	99%	85%	37% サウジアラビア	タンカー輸送 ※パイプライン無し	98%	23%	28% オーストラリア	タンカー輸送 ※パイプライン無し

出所：IEA・Energy balances他から資源エネルギー庁作成　※中・印は2015年のデータ

出所：エネルギー情勢懇談会資料
https://www.enecho.meti.go.jp/about/special/tokushu/anzenhosho/middleeast.html

理由は、原油の資源埋蔵量が中東に偏在し、そして、これら地域での自国内消費量は限定的で輸出余力が高いためだ。日本含むアジア圏から見れば比較的近いのも重要な要素だ。他方の米国では、国内でのシェールガス・シェールオイルの開発が2006年頃から進み、天然ガスの輸入量が減って、それどころか2020年には67年ぶりにエネルギー純輸出国になる勢いである（原油・石油製品については2019年11月に70年ぶりの輸出超過に至っている）。欧米に比べて、日本の中東依存度は突出して高い水準にある。また、中国やインドネシアといったアジアの産油国は、国内石油需要が増加し、従来の輸出向けの原油を国内に振り向けつつあり、日本の石油輸入元の多様化を困難にしている。こうした世界潮流の変化のなか、不安定さを抱える中東地域に、日本が継続して依存することのリスクは高まり続けている。

エネルギーの安定供給確保に向け、日本国政府は、重要なパートナーたる中東諸国の支援のほか、供給源の多様化に向けた資源開発が行われ、脱炭素につながる国産エネルギーとしての再生可能エネルギーの導入拡大も積極的に進められている。

2050年の中東地域の安定性はわからない。しかし、いずれにせよ、エネルギー源を特定地域に依存することがリスクであることは間違いない。根本的な解決策としては、国産エネルギーを増やすこと、また、輸入する場合には一地域への依存を極力回避することが挙げられよう。エネルギー確保が政治交渉のカードとならないよう、俯瞰的視点でエネルギー供給構造を考えていく必要がある。

0.5 デジタル技術とエネルギー

ここまで、我が国のエネルギーシステムを取り巻く大きな4つの課題を概観していった。もうひとつ、2050年のエネルギーシステムを描出する際に考慮すべき重要な要素として、デジタル技術の進展が挙げられる。0.1～0.4まで、難易度の高い課題が山積するが、デジタル技術の活用がこれら課題の解決を促す可能性もある。

近年のデジタル技術の進展は著しく、エネルギー業界においても徐々に導入が進んでいる。発電所などのエネルギー生産設備における効率化や、前述したような保守点検業務の自動化、また、エネルギー需要家とのインターフェース簡易化など、あらゆる局面でデジタル技術による効率化が図られつつある。さらに、2050年という中長期を考えると、デジタル技術は、従来のビジネスモデルをベースとした効率向上に留まらず、プラットフォームビジネスの新たな誕生が期待される。プラットフォームビジネスとは、商材やサービス、情報を集めた「プラットフォーム＝場」を提供することで供給者と需要者を囲い込むビジネスで、いわゆるGAFA（Google・Amazon・Facebook・Apple）などの巨大IT企業が現在拡大しつつあるビジネスモデルである。この流れは、エネルギーの世界にも浸透してくることが予想される。

再生可能エネルギーの普及は、従来のエネルギー需給構造を複雑化させる。エネルギー供給システム側では、従来の大型集中システムから再生可能エネルギーの賦存場所や、賦存量に合わせた個別分散システムへとインフラの転換が進む。同時に需要家側でも、住宅の太陽光発電のようにエネルギーの消費者が生産者にもなるプロシューマーと呼ばれる主体が増加している。

こうして、エネルギーの供給者と消費者が柔軟に双方向化し、また、エネルギー供給設備が個別分散化していくなかで、全体として効率的なエネルギー需給の仕組みを確保するためには、デジタルプラットフォームの存在が欠かせない。多様な主体間でのエネルギー取引の最適化を実現するためのデジタル技術が、こうした未来のエネルギー需給システムを支える鍵となる（詳細は、4.2を参照）。

1

三菱総研が考える
2050年のエネルギーシステム

日本のエネルギーは、今、脱炭素化、少子高齢化、インフラ老朽化や大規模災害対応など、さまざまな課題に直面している。2050年のエネルギーシステムへの移行を考える際、これら課題のなかで最もハードルが高いのが脱炭素化の加速であろう。

パリ協定を受けて、世界全体の長期的なエネルギーの方向性は、再生可能エネルギーの大量導入に向けて大きく舵を切っている。日本も2018年7月に閣議決定されたエネルギー基本計画で、「再生可能エネルギーを主力電源として持続可能なものとなるよう推進する」としている。また、2016年5月に閣議決定された地球温暖化対策計画では、2050年に温室効果ガス80%削減を目標として掲げており、その達成のためにも再生可能エネルギーの大量導入は不可欠な状況にある。

本章では、こうした脱炭素社会に向けた通過点である2050年に80%削減が実現していることをイメージしつつ、その他課題への対応も視野に、理想のエネルギーについて考えるとともに、目指すべきエネルギー社会像を紹介する。なお、これまで理想のエネルギーシステム検討にあたっては、供給者側の視点で語られることが多かったが、本書では、今後の役割の拡大が予期される需要家側の視点を重視して進めたい。

1.1 理想のエネルギーとは

1.1.1 供給者側から見た『理想のエネルギー』～3E＋S～

日本では、エネルギー政策基本法に基づく政策を通じてエネルギー供給の在り方が規定されている。供給者視点での『理想のエネルギー』の捉え方は、我が国のエネルギー政策の視点と共通と言ってよい。

日本のエネルギー政策の基盤となるのが、上記で述べたエネルギー政策基本法という法律である。同法の第2条には安定供給の確保（供給安定性）、第3条には環境への適合（環境適合性）、第4条には市場原理の活用（経

表 1-1　さまざまなエネルギー資源の 3E

	供給安定性 Energy Security	環境適合性 Environment	経済性 Economic Efficiency
石油 （原油）	大半を輸入に依存しており、特に中東産油国への依存度が高い	エネルギー利用の際は CO_2 を排出するほか、硫黄分が高い場合などは環境対策が必要	現時点では経済合理的な利用が可能
石炭	大半を輸入に依存しているが、調達先は比較的多角化されている	単位エネルギーあたりの炭素量が多く、発電に用いると CO_2 排出量が最も多い	輸入資源ではあるが安価に調達できる
天然ガス	大半を輸入に依存しているが、調達先は比較的多角化されている	化石燃料の中では CO_2 排出係数が最も小さい一次エネルギーである	単位エネルギー当たりの価格は他の化石燃料より高く、発電に用いた場合も石炭火力より割高となる
水力	国内資源であって自給率向上に寄与する 貯水式とすることである程度量をコントロールすることも可能となっている	化石燃料の燃焼を伴わない発電方式で利用されており、CO_2 排出係数はゼロ ただし、開発時の自然環境への負荷は大きいとされる	開発時には大規模な投資が必要であるが、長期的なスパンで見た発電コストは比較的安いとされる
原子力	輸入資源ではあるが、ペレットとして長期間の保管・利用が可能であることから、準国産エネルギーとして位置付けられることもある	化石燃料の燃焼を伴わない発電方式で利用されており、CO_2 排出係数はゼロ ライフサイクルで見ても CO_2 排出係数の小さい発電方式である	水力と同様、開発時には大規模な投資が必要であるが、燃料代が安く、長期的なスパンで見た発電コストは安いとされる ただし、最近は安全性確保の観点から必要な設備投資が上昇傾向にある
その他 再生可能 エネルギー	輸入バイオマス以外は、基本的に国内資源であって、自給率向上に寄与する ただし、太陽光と風力は、出力が安定しない変動性再生可能エネルギーである	化石燃料の燃焼を伴わない方式で利用されており、CO_2 排出係数はゼロ バイオマスについては、ライフサイクルでの CO_2 排出に留意が必要とされている	発電に用いる場合、従来型の発電方式に比べて割高である 近年、太陽光と風力は、コスト低減が進んでいるが、出力の安定性も考慮すると、日本ではまだ従来型の電源並みとは言い難い

出所：三菱総合研究所作成

済性）が謳われており、この３項目がいわゆるエネルギー政策上の重要課題の３つのＥ（Energy Security、Environment、Economic Efficiency）に該当するものである。東日本大震災以降は、これにひとつのＳ（Safety）が加わり、3E＋Ｓ（もしくはＳ＋3E）というのがエネルギー政策の基本的視点とされている。3E のうち、環境への適合と市場原理の活用は需要者側にとっても共通の視点であるが、安定供給の確保は主に供給者側の視点と言える。

理想のエネルギー社会のひとつの在り方としては、安全性の確保を大前提として、3つのEがバランス良く確保されているということになるだろう。しかし、この3つのEを同時に確保するエネルギーというのは、現時点では魔法のようなエネルギーであって、ないものねだりに等しい（表1-1）。例えば、石炭は、安価に調達可能であって資源量も豊富であるが、環境への適合という点で課題がある。太陽光や風力といった再生可能エネルギーは、環境への適合という点で優れているが、それ単体では安定的に供給することが難しく、現時点では経済性の観点でも他のエネルギーに勝るとは言い難い。そのため、さまざまなエネルギー資源をバランス良く利用する、すなわち「ベストミックス」を実現することが肝要であり、これが現行のエネルギー政策の基本姿勢とも言える。

1.1.2 需要家側から見た『理想のエネルギー』～4つのキーワード～

前述のように、3E＋Sを語るときには、供給安定性がそもそも供給側の考えでもあることから、エネルギーを供給側の視点で捉えることが多い。しかし、エネルギーを利用するのは、我々一般消費者を含むエネルギーの需要家と呼ばれる側である。そこで、ここではエネルギーの需要家の視点から、「理想のエネルギー」を規定してみたい。

ごく一般的な消費者からすると、エネルギーの利用に関連して特別何かを期待することは多くないだろう。必要なときに必要な量を使うことができ、それが安価であれば言うことはないということかもしれない。しかし、電力・ガスの小売りは、既に全面自由化となっており、小売事業者は、需要家獲得のためにさまざまな付加価値を提供しようと試みている。そうしたなかで、エネルギーの需要家たる一般的な消費者も、徐々にエネルギーに対して求める内容が変わっていくと考えられる。

ここでは、需要家が理想とするエネルギーについて、４つのキーワードで表現したい。それは「ストレスフリー」、「持続可能性」、「選択可能」、「説明性」である。

① ストレスフリー

通常、エネルギーを利用する需要家がストレスを感じることは多くないと思われるが、例えば、エネルギー価格が上昇するとストレスに感じる。価格の変動や調達不安もストレスになる。また、煩雑な利用手続きがあったり、通信のような利用量の制約があったりすると、やはりストレスに感じるだろう。

需要家から見た理想のエネルギーというのは、このような利用に伴う負担感やストレスから解放されていることが望ましい。

② 持続可能性

地球温暖化対策をはじめとする環境問題への対応は社会的な命題であって、需要家としては必須のキーワードであろう。

地球温暖化問題がよりクローズアップされていくなかで、化石燃料に依存したエネルギー利用に対して罪悪感を覚えるかもしれない。また、長期的には、資源の有限性に対する不安もあろう。特にエネルギーを消費する製造業などは、投資家や消費者への説明上、持続可能性へのニーズは高いはずだ。化石燃料に依存しないという意味での持続可能性のほかに、例えば、原子力によるエネルギーを利用する場合では使用済み燃料の最終処分、いわゆるバックエンド問題が解決されてこそ持続可能と言えるだろう。

また、再生可能エネルギー由来であったとしても、ライフサイクル全体で環境負荷を抑えてこそ、持続可能となることも忘れてはならない。

③ 選択可能

電力・ガスの小売り自由化前は、需要家が手にする購入先や料金プランの選択肢は非常に限られたものであった。住んでいる地域に応じて、ほぼ自動的に契約する電力会社やガス会社が決まり、意識しないまま「最も汎用的なメニュー」で契約していた需要家も多いのではないか。

しかし、先に述べたとおり、今では小売全面自由化となり、需要家には複数の選択肢が存在している。そのとき需要家が、どのような特徴を持つメニューを選ぶかは個々の需要家の価値観に依存するだろう。例えば、安い電力にこだわる人には、一定の制約があっても定額制メニューを提供し、環境に配慮した電力を使いたい人には、割高であっても再生可能エネルギーの割合の高いメニューを提供するということが考えられるだろう。実際、近年、環境配慮に関心の高い企業に対しては、再生可能エネルギーのみで発電された電力が競争力を持つようになっている。

また、今後は、種類だけではなく、産地指定のエネルギーという考え方も選択肢として挙がってくるとも考えられる。例えば、なるべく住まいに近い発電所の電力や、生まれ故郷の水力発電による電力を選ぶといったニーズが高まっていくことであろう。

④ 説明性

前述のとおり、今後は、需要家が多様な価値観のもとで自らが消費するエネルギーを選択するだろう。その際、自らが選んだエネルギーがどのような性質のものであるか、一定の根拠をもって説明できなければならない。例えば、ふるさとの自然を守るために、その地域にある水力発電の電力を選んだ際に、自分が購入した電力が、確かにその水力発電由来であると示せる仕組みが必要である。自らの選択や行動の結果を説明できることは、多様なメニューを選択可能とするうえでの必要条件と言えるだろう。

1.1.3 供給者と需要家をつなぐ理想のエネルギーの在り方

ここまで、供給者側と需要家側、各々の視点で理想のエネルギーを考えたが、この2つの理想は必ずしも相容れないものではない。需要家にとっての『理想のエネルギー』とは、種々のストレスなく享受できる持続可能なエネルギーであり、かつ、根拠を持って自分の望む条件を満たすエネルギーを選択できることとまとめられる。エネルギーを選択する自由が与えられたからこその、需要家ニーズの誕生である。

需要家側のこうしたニーズの変化は、供給者側にも変化をもたらし、結果としてエネルギー政策の基本的視点である3E＋Sの実現にも寄与すると考えられる。例えば、需要家の幅広い価値観に応じて提供するメニューも多様化させ、選択肢を広げることが供給者側の使命となる。低廉なエネルギーを豊富に供給するためには、さらなる効率化も必要となる。これらを実現するためには、エネルギーマネジメントを高度化させることにつながるだろう。

化石燃料への依存度を減らしたり、原子力の依存度を下げるといった環境適合性や持続可能性も供給側が需要側のニーズを汲み取りながら成長していく要素であり、再生可能エネルギーの最大限の導入につながるだろう。

1.2 2050年のエネルギーシステム

需要家目線を取り入れて検討した理想のエネルギー社会を念頭に、脱炭素化社会の実現や、その他課題に対応するエネルギー需給の姿を考えると、ポイントは以下の3点に集約される。

- **供給側では、再生可能エネルギーが主力電源となっている**
- **需要側では、エネルギーの電化が進展しつつ、多様な選択肢が用意されている**
- **分散化されたリソースが適切にマネジメントされ、エネルギーシステムを支えている**

供給側では、脱炭素社会構築に向けて、また、エネルギー自給率向上などの課題解決に向けて、太陽光発電や風力発電などの再生可能エネルギーが主力電源としての地位を確立しているだろう。原子力は、依存度を下げつつも安定的なCO_2フリー電源として供給側の脱炭素化に貢献し、火力発電は、系統の安定運用に必要な調整力を供給する役割を担っている。時間帯によっては、需要を上回って発電された余剰の再生可能エネルギー電力は蓄電池に蓄えられるほか、水素やメタン、液体燃料などに転換され、CO_2フリーな燃料として需要側の脱炭素化に貢献するだろう。

需要側では、19頁の「COLUMN 2050年80%削減を実現するために」で示したシミュレーション結果のように、熱需要を中心に電化が進展しつつ、供給側の脱炭素化とあいまって需要側の脱炭素化も図られるであろう。ただし、CO_2フリーの燃料が安価に得られるようになれば、こうした燃料が需要家の熱需要を賄うことも考えられる。特に、高温の熱を大量に必要とする工場では、CO_2フリーのエネルギーに対する期待も大きい。

また、需要側では嗜好に合わせた積極的な選択が鍵となる。ストレスフリーや持続可能性、選択可能、説明性といった需要家目線でのニーズを実現するために、CO_2フリーのエネルギー、再生可能エネルギー由来の電気、再生可能エネルギーの中でも種類や産地指定といった新たな付加価値、ニーズに応じた選択肢が求められる。

他方、特に銘柄にこだわりのない選択肢として、一定の条件のもとに安価な定額制といった経済性重視の選択肢も大きな市場性を有するであろう。この中には、電気代込みの電化製品や電気自動車といった売り方、いわゆるサブスクリプションの有効性も見通される。

また、需要側でも、エネルギーを自ら創り貯めて販売するプロシューマーが登場する。エネルギー生産設備のみならず、需要側の電気自動車や家電などの機器を含めエネルギーシステム全体に蓄電池が導入され、高度なマネジメントサービスによって需給バランスが確保される。従来型のエネルギーシステムの発想の場合、エネルギーは、供給から需要に向かって流れる一方であったが、将来のエネルギーシステムでは、需要家もプロシューマーとして貢献するため、需要家から運用側にもエネルギーと情報の流れが生じることになる。需要側・供給側合わせて、分散化されたリソース

図 1-1　2050 年エネルギーシステムイメージ

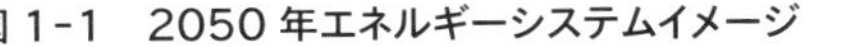

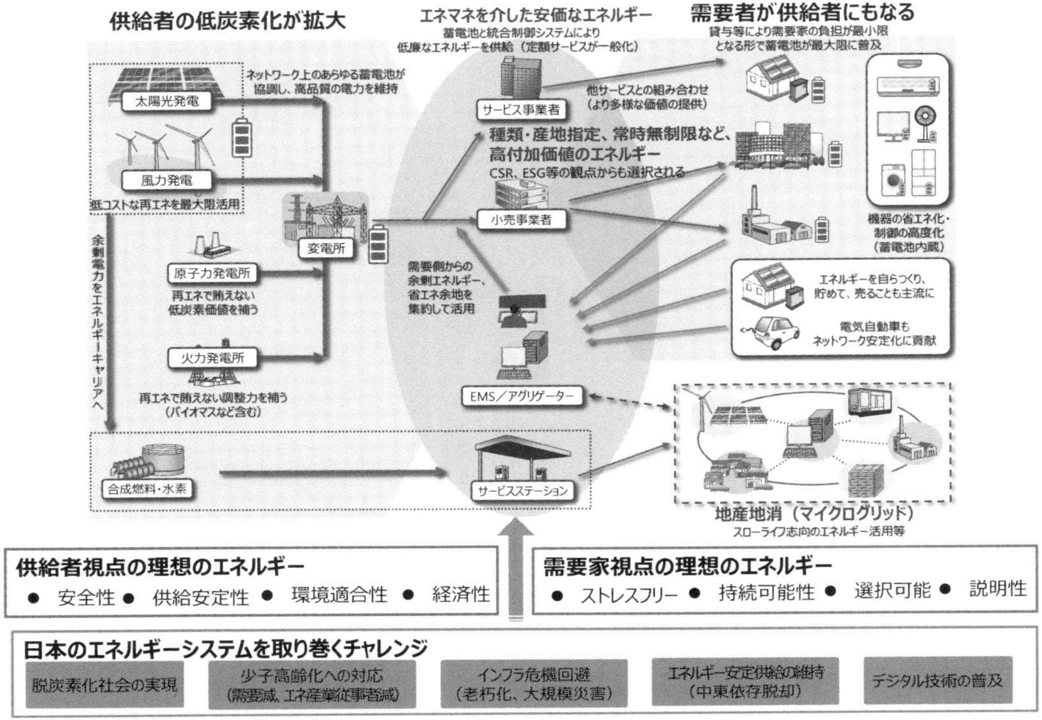

出所：三菱総合研究所作成

表 1-2　供給者と需要家をつなぐ『理想のエネルギー』実現の要件

供給者側の要件	主力電源たる再生可能エネルギーの最大限の導入が図られ、かつ、安定で持続可能なエネルギー供給を行う
	化石燃料に頼らない新たなエネルギーキャリアが普及している
需要家側の要件	ストレスフリー・選択可能などを実現するエネルギー販売サービスが普及している
	再生可能エネルギーや蓄電池が有効活用され、プロシューマーとしての貢献が果たせている
運用面の要件	分散エネルギーが有効活用され、高度なエネルギーマネジメント（需給バランスなど）が実現している
	新たなプレーヤー（アグリゲーターなど）が参画できるようエネルギーの市場環境が整備されている

出所：三菱総合研究所作成

が適切にマネジメントされ、エネルギーシステムを支えているだろう。

十分な量の再生可能エネルギーがあるエリアでは、マイクログリッドが構築され、エネルギーの地産地消が実現されている可能性もある。

2050 年のエネルギーシステム構築のためには、供給側と需要側、そして、それをつなぐ運用面それぞれに変革が求められる。具体的には、表 1-2 に示す基本要件を満たすことが理想のエネルギー社会実現のための必要条件となると考えられる。

さらに、この状態を視覚的に表現すると図 1-1 のようになる。左側には供給側、右側には需要側、それをつなぐ運用側が間に位置している。

この大きなイメージを具体化すべく、2 章では、生活の場面ごとに未来のエネルギーシステムについて紹介する。また、3 章では、需要側の地域に応じて、供給・運用・需要がどのようにつながってエネルギーシステムが構築されているかを提示する。さらに、こうしたエネルギーシステムを実現するための課題と対応策を 4 章に示す。

2

未来の生活とエネルギー

１章では、日本のエネルギーの未来について大枠を示した。それによると、2050 年の日本では、温室効果ガス 80％削減を実現すべく再生可能エネルギーが主たる供給源となっており、需要家側では電化が進み、分散化されたリソースが適切にマネジメントされ、エネルギーシステムを支えている。

一方、エネルギーのみが日本の社会に変革をもたらすわけではない。少子高齢化や社会保障負担の拡大などの重い課題や、デジタル技術の進化と社会浸透、人生 100 年時代の到来などの新たな潮流が我々の生活のあらゆる場面を変えていくだろう。

三菱総合研究所では、2019 年 10 月に「未来社会構想 2050」[8]を発表した。この構想は、2050 年に向けた世界のトレンドを①デジタル経済圏の台頭、②覇権国のいない国際秩序、③脱炭素を実現する循環型社会、④変容する政府の役割、⑤多様なコミュニティが共存する社会、⑥技術によって変わる人生の６つに分類して潮流変化を描写した。こうした世界潮流のなかで、日本が目指すべきは「豊かで持続可能な社会」（図 2-1）とし、その実現のために必要な取り組みをとりまとめたものである。

豊かで持続可能な 2050 年の日本社会において、エネルギーはどうなっているのか。誰が、どうやって供給し、誰が・何を、どのような形態で利用しているのか。１章で示したのは、2050 年における温室効果ガス排出量マイナス 80％を前提とした場合に導き出されるエネルギー需給の姿であるが、これを 2050 年の理想的な日本の社会に当てはめてイメージを深化させたい。

まず、本章では、仕事やクルマ、住宅、防災など、我々の未来の生活場面におけるエネルギーを、続く３章では、都市や地方など、未来の地域・コミュニティにおけるエネルギーを見ていく。

2050 年に向けて我々の生活を大きく変えるのは、AI・ロボティクスを中心としたデジタル技術の社会浸透と考えられる。デジタル技術は、ルーティン業務や手仕事を代替し、家事も仕事も効率化することで、自分に使

図 2-1　三菱総研が描く、豊かで持続可能な社会の姿

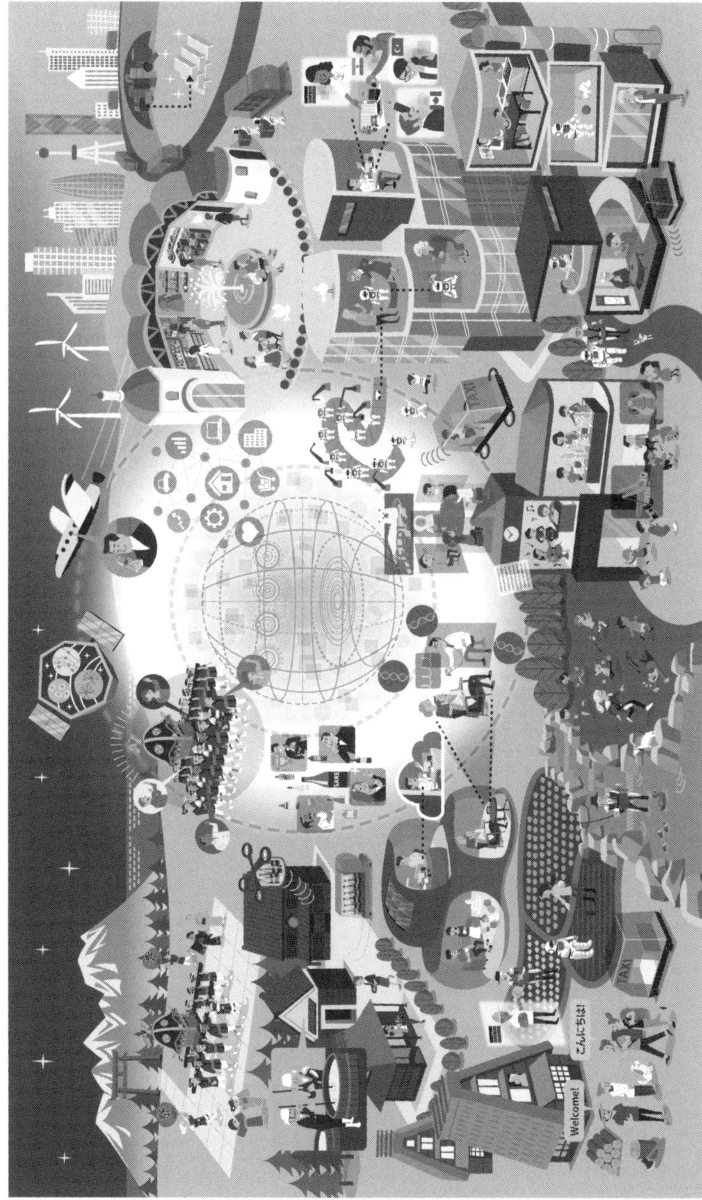

出所：「未来社会構想 2050」三菱総合研究所作成　https://www.mri.co.jp/knowledge/insight/ecovision/20191011.html

える時間が増えると期待される。一方で、デジタル技術の進展は、労働市場のボーダーレス化を促進し、自分の市場価値が常に評価される厳しい環境も予想させる。

家事や仕事が効率化することで、生活に必要なコストは低減、一方で自分が価値を感じる「価値追及消費」を増やすことが可能になる。「未来社会構想2050」検討時に実施したアンケートによれば、具体的には趣味や旅行への時間・支出が増えるかもしれない。

加えて、製造ラインの自動化や、取引のデジタル化が進めば、仕事に縛られず住む場所や生活時間をコントロールできるだろう。クルマをはじめとする移動手段の利用場面も変化する可能性がある。

また、2019年9月に日本を襲った非常に大型の台風が、我が国における自然災害は地震によるものだけではなく、風水害による影響も甚大であることを改めて思い起こさせたことは記憶に新しい。このような大規模な自然災害は、我々の防災・レジリエンスに対する意識を大きく変えたとともに、非常時における安定的なエネルギー供給の重要性を再認識させることにつながった。生活に欠かすことのできないエネルギーを非常時においても安定的に利用するためには、例えば、分散設置されたエネルギー源をデジタル技術によって監視・制御し、停電などが発生した際にも最低限必要となる量のエネルギー供給を行うことができるシステムを日本全国で隈なく構築していくことなどが求められるだろう。

デジタル技術がもたらすこうした生活上の大きな変化を踏まえ、特にエネルギー利用場面としての接点が大きい仕事・クルマ・住宅・防災について未来を考えていこう。

2.1 未来の仕事とエネルギー

2.1.1 未来の仕事とは：働く場所や世代の多様化

デジタル技術の普及や、国という枠組みを超えた経済活動のさらなる進展によって、場所・時間・業務内容といった働き方は大きく変化していくだろう。特に都市部においては、オフィスワーカーの比率が高く、働き方の変化によって、都市の構造自体が大きく変わっていくことが想定される。「オフィスにいること」の価値が下がり、働く場所がどんどん自由になっていくことに加え、海外との時差に合わせるなど必ずしも日中を業務時間とはしない企業が増えていくというようなこともあるだろう。また、定型的なタスクをこなす業務はAIが担い、人間は、より創造的なタスクに特化していくことも想定される。

働き方が変化した結果として、同じ企業に属する人が同じ建物で働くことの必然性は薄まり、AIが担う業務は、地価の高い都市部から地方へ移転していくことになるだろう。そのため、企業にとって従来のようにオフィスを所有、賃貸することへの需要は低下し、シェアオフィスなどのように一時的な利用を前提としたオフィスへの需要が高まっていくことが想定される。

都市で働く人々がオフィスから解放され、純粋なオフィスビルの需要が減少していった場合、都市で暮らす人々・働く人々は、どのような都市機能を求めるだろうか。商業施設や飲食店、病院、学校などの都市で生活する人々にとって必要なさまざまな機能は維持しつつ、都市を訪れる多様な人々のニーズにも応えていく必要があるだろう。例えば、政府では、2030年に訪日外国人旅行者数を6,000万人に増やすことを目標として掲げており、もちろん地方を訪れる旅行者も内数に含まれるものの、都市において日本の文化を発信していくことは非常に重要になってくる。2050年には、仮想現実（VR）上での旅行が可能となり、実際に現地を訪れることなく

図 2-2　高齢期（60 歳以降）における就労希望形態

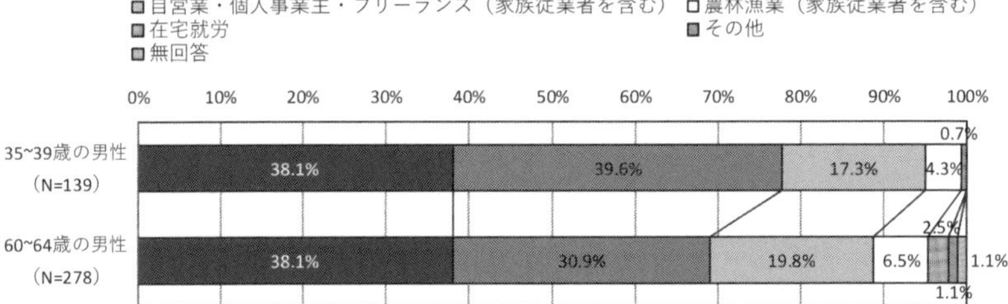

出所：内閣府「平成 25 年度高齢期に向けた『備え』に関する意識調査」より三菱総合研究所作成
「あなたは、60 歳以降も収入を伴う仕事をする場合、どのような形態での就労を希望しますか」に対する回答

体験できるような技術が普及していることも考えられるが、多くのことがデジタル上で実現される世界においても、旅行や食事、スポーツなどのフィジカルでの体験に対する施設やサービスの需要は存在するだろう。むしろ、デジタル社会で実現できるニーズが増えれば増えるほど、実体験を伴うサービスの付加価値は上がっていくとも考えられる。都市に求められる機能が変化することは、その機能を提供するための働き手の変化にもつながり、都市内における業種別就業者比率なども変化していくことが想定される。

また、2050 年においては、都市部でも高齢者の比率は高まっていくことは前述のとおりであるが、健康寿命が延伸することで 70 歳を超えても働く高齢者が非常に多くなっていると考えられる。ただし、内閣府の調査では、ワークスタイルとしてフルタイムの社員・職員として働くことを希望する高齢者の比率は必ずしも高くない（図 2-2）。また、2050 年に高齢期を迎える 30 歳台においても同様の傾向がみられる。高齢者の就労を促進すること、多様なワークスタイルを提供していくことは、日本の持続可能な成長のためにも重要な施策であり、社会全体の働き方が変化する要因にもなっていくだろう。

2.1.2 働き方の多様化が招くエネルギー面での課題

自宅で働く人、シェアオフィスで働く人、カフェで働く人など多様な働き方が実現されること自体は望ましい方向性であり、それによって生産性が高まり成長を後押しする要因にもなるだろう。ただし、エネルギー的な視点で見ると、人々が多くの場所で分散して働くことは必ずしも効率的であるとは言えない。人の所在が分散化することで建物の稼働率が減少する一方で、そこで働く人がいる限りにおいては、空調や照明などのサービスを一定量提供する必要が生じ、エネルギー効率が低下する可能性があるためである。また、自らが所有又は賃貸している建物では、ある程度エネルギーの使い方に関するガバナンスを効かせることができるが、シェアしている建物に対してはそれが難しくなる。そのため、オフィスのエネルギー性能やエネルギー消費量に対する企業としての意識が希薄になってしまうことが危惧されるとともに、責任の所在が不明確になってしまう恐れもある。

さらに、自宅で働く人々の数が増えると、通勤によるエネルギー消費量の削減には寄与するものの、これまでよりも日中の住宅におけるエネルギー需要は増加することになる。既に太陽光パネルが普及してきている戸建住宅においては、自家発電・自家消費によって日中に生じる需要を賄うことができると考えられるが、高層マンションなどの集合住宅においては、オンサイトでは十分な発電量が得られないため、系統電力などからの外部供給に頼らざるを得ないケースが多くなると考えられる。もちろん、その分、オフィスでのエネルギー消費量が減少することも見込まれるが、前述のとおり、働く場所の分散化は建物のエネルギー効率の低下を招く可能性もある。

2.1.3 多様な働き方にも対応できる社会インフラの整備

都市における働き方が変わることで、人々の所在や建物が持つ機能も変化していく。このことは、都市のエネルギー需要構造にも変化を与えるだろう。具体的には、人々の所在の変化による影響としては都市内部のオフィスビルにおけるエネルギー消費量は減少し（前述のとおりエネルギー効率は低下する可能性はある）、家庭や都心部にはないシェアオフィス、都市以外の地域などにおけるエネルギー消費量が増加する可能性がある。例えば、2020年2月以降の新型コロナウイルス感染症対策として在宅勤務が普及し、都心での昼間人口に大きな変化が生じている。実際、エネルギー消費への影響は、ここで示したような変化が観測されている（「緊急追補」参照）。また、建物が持つ機能の変化による影響としては、一般的に宿泊施設のエネルギー需要はオフィスビルよりも高いことが多く、旅行者向けのホテルが増加していくと、エネルギー需要の総量が増加する可能性がある。加えて、多くの建物ではエネルギー需要のピークは11～14時頃であるのに対し、宿泊施設では朝方や夕方にピークを迎えることが多いため、都市における建物用途の構成比が変わると、電力の負荷カーブも変化していくことが想定される。

以上のとおり、現在のトレンドである働き方改革は、多様な人々が自由に働き方を選択できる柔軟性を生み出し、成長を促進する材料となる可能性がある一方で、エネルギー的な視点から見ると解決すべき課題も多い。働き方改革達成後の2050年においては、これらのエネルギー面の課題も同時に解決されている世界となっている必要がある。

例えば、オフィスビルのみならず家庭やシェアオフィス、ホテルなど、どのような機能を持つ建物であったとしても、そのエネルギー性能を高め、できるだけ早期にネット・ゼロ・エネルギー・ビル（ZEB）、ネット・ゼロ・エネルギー・ハウス（ZEH）の普及を進めるといったエネルギー需要そのものを減らす技術的な対策が求められる。加えて、蓄電池などのようなエネルギーの需給調整機能を持った設備の導入により、需要構造の変化に自ら対応できるエネルギーインフラを整えていくことも重要である。また、建物の稼働率の低下によるエネルギー効率の悪化を防ぐためには、できる限りコンパクトなまちづくりを進めていくことが必要である。さらに、技術的なインフラ整備のみならず、シェアリングエコノミーの時代におけるエネルギー消費に関する責任範囲を明確化させるなどの制度面の整備も必要となってくるだろう。

2.2 未来のクルマとエネルギー

2.2.1 未来のクルマとは：多様な選択肢の登場

交通分野は、エネルギー需給と非常に接点の大きい領域である。そのうえ、デジタル化の恩恵を大きく受ける領域、3章に後述する地域・コミュニティの有り様に沿って役割を変える領域であり、電気自動車（EV）や燃料電池自動車、自動運転、空飛ぶクルマ、サービス化（Mobility as a Service：MaaS）、コミュニティモビリティなどの未来に向けてさまざまな方向性の展開が予想されている。自動運転、さらには空飛ぶクルマなどは、技術のみならず制度やインフラの刷新が求められる技術分野であり、2050年時点でも完全普及には至っていない可能性もあり、この分野の発展は多様な方向性で、かつ、長年かけて進んでいくものと想定される。いずれにしても2050年時点では、動力源やデジタル技術の導入、所有形態などの選択肢が増え、地域や用途に応じて使用者自身が最適なクルマを選んでいくことが予想される。

ここでは、エネルギーとの接点が大きな変化として、電気自動車や燃料電池自動車などのクルマの動力源の変化と、MaaSを取り上げる。なお、電気自動車を住宅の電力貯蔵システムとして用いる、いわゆるV2Hについては、別途2.3で取り上げる。

2.2.2 モビリティ動力源の変化がもたらす新しいエネルギー需要

交通分野の変化で最もエネルギーに直接関与するのは、モビリティの動力源の変化である。

ガソリン、電気、燃料電池などの選択肢の中で、2050年の大勢を占めると予想されているのは、やはり電気である。国際エネルギー機関（IEA）が2017年に発表した予測によると、ハイブリッド自動車を含めれば2040年には乗用車販売台数の半分以上が電動車になる（図2-3）。特に都市部においては、カーシェアリングなど、モビリティを自身で購入・所有するのではなく、利用サービスを活用するケースが増える。モビリティ購入のイニシャルコストによる障壁が抑制されることで、電気自動車などの電動モビリティ普及を加速させることが期待される。

一方、水素で動く燃料電池自動車については、さまざまな予測が存在す

図 2-3

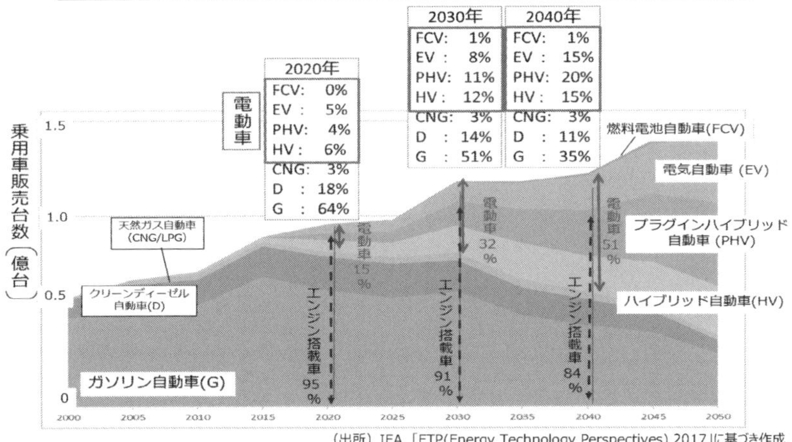

出所：経済産業省「自動車新時代戦略会議　第1回資料」平成30年4月18日

るものの、乗用車については、電動に比べて存在感は薄い。ただ、燃料電池自動車の特性を生かせるフォークリフトやバス、トラックなどの商用車において普及の可能性がある。

(1) 電動モビリティと関連サービスの登場

電動モビリティには、さまざまな定義が存在する。電気自動車以外にも高齢者・障害者向けの電動車イスや空港など大規模施設における移動用自動運転電動バス、物流手段としての電動ドローン、農業用トラクターや電動ボート、e スクーターなど、さまざまな分野のモビリティが対象となる。航空機や船舶において電動化に向けた研究が始まっている。

自動車については、郵便、宅配のような業務用車両や家庭のセカンドカー（近距離移動用）から電動モビリティ普及が本格化し、2050 年頃には、情報通信技術の発達とともに自動運転機能を備えた普通乗用車や都市間輸送用のトラック、長距離バスなどへ普及していくだろう。

このような自動運転などの情報通信技術と電動化の連動は、自動車産業の構造を大きく変化させる可能性が高い。

自動車製造は、安全性や乗り心地、環境保全、取り扱いやすさ、デザイン性など、さまざまな技術要件が高度に求められる領域である。特にエンジンや車体構造は、ノウハウの塊であるため、これまでは、新興企業が容易には参入できない産業であり、大手の自動車会社が市場の大半を占有していた。

だが、モーター・インバータなどの電気自動車用のパワーユニットは、内燃機関ほどのノウハウは不要であり部品点数も少ないため、新たな電気自動車メーカーが海外では多数出現してきている。また、主要な車体部品やバッテリーを標準化したうえプラットフォーム上で電装系のメーカーから調達し、車体デザインについては 3D プリンタなどで個人の嗜好性を加味して製造することで、使用目的や個人の感性にフィットした電気自動車をカスタマイズ製造することも可能になってくる。サステナビリティの視

図 2-4　次世代の新モビリティバリューチェーンのイメージ

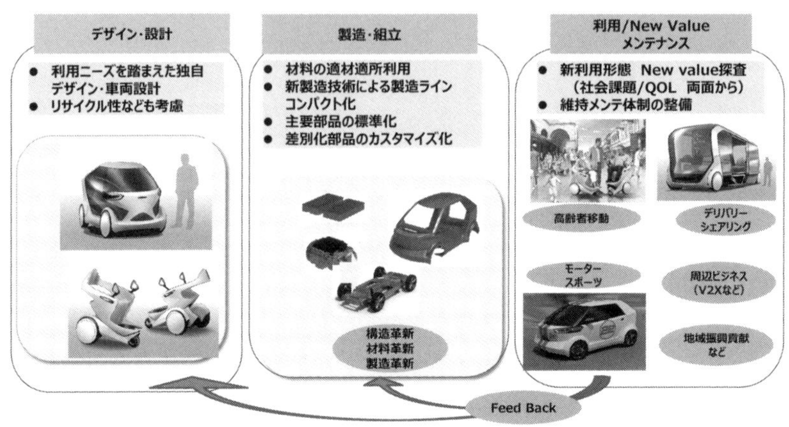

出所：三菱総合研究所作成

点からは、すべて新品の部品を使用するのではなく、品質が保証されたリユース部品を使用する手もある。図 2-4 にデザイン・設計から利用・メンテナンスまでの新モビリティバリューチェーンの一例を示す。

このような新しいバリューチェーンによるモビリティのカスタマイズ化により、従来の自動車では対応できていなかったニッチな市場ニーズに対応できることとなるだろう。

次に、充電システムについて俯瞰する。電気自動車の 1 充電あたりの連続走行距離は、エンジン車に比較して短いため、充電スタンドの整備が電気自動車普及の鍵を握る。充電スタンドについては、政府の補助金制度の効果もあり 2019 年の急速充電スタンド数は 7,000 カ所を超えており、今後も増える見通しである。

ただし、路線バスや長距離トラックについては、車両重量が乗用車に対して非常に重いことから、走行中給電システムの研究も盛んである。電車のような地上からの給電や、ガードレールなどの側面から給電するシステム、非接触ワイヤレス給電なども既に技術実証されており、充電システムについては蓄電池開発と並行して開発が進む見込みである。

ちなみに、モビリティ向けの給電ビジネスは、2050年においても成立が難しいと予想される。何しろ電気は安いのだ。現状でスマートフォン向けの充電ステーションやコンセント貸しが大きな事業規模にならないように、それのみにて十分な収益を得ることは難しく、駐車場に充電設備を設置する店舗の付加価値向上、充電設備が多数設置されている街区価値の向上といった副次効果での導入進展を期待する。もちろん、万が一の電欠時向け給電車急行サービスなど、サービス提供時と場合を限定すれば可能性はあるかもしれない。

(2) 地方の電動モビリティ

以上は、主に都市部や都市間高速道路のイメージだが、地方部では、様相が異なる可能性が高い。人口密集度が低い地方における充電設備の高密度配置は困難であり、カーシェアなどのサービスも収益性を確保しにくい。一方で少子高齢化のなかで人口が大きく減る地方では、電車やバスなどの公共交通機関の維持が困難になり、免許を返納した高齢者などの移動手段の確保が課題となっている。

そこで、地方で期待されている交通システムとして、情報通信技術を活用したオンデマンド型が挙げられる。これは、タクシーとバスの中間的な交通手段であり、スマートフォンなどを通じて利用者が任意の場所から乗合タクシーなどを呼び、任意の場所で降りるというようなシステムである。路線バスなどを維持できない地方においては、このようなオンデマンド型の交通システムが一般化することが想定される（デマンド交通については、2.2.3参照）。また、地方の電動モビリティとしては、電動トラクター、農薬散布を担う自動飛行電動ドローン、農作物収穫・運搬のための電動トランスポータなども普及が期待されている。

(3) 燃料電池自動車の可能性

水素で動く燃料電池自動車（FCV：Fuel Cell Vehicle）は、我が国が推進する『水素社会』の一翼を担う水素の利用用途である。FCVは、走行中にCO_2を含む排気ガスを出さず、空気を汚さず走れるモビリティとして注目を集めているほか、EVに比べてエネルギー充填密度が高く、充電時間がガソリン車並みに早いという利点がある。

EVよりエネルギー充填密度が高いという利点を生かすべく、長距離走行や高稼働率が必要な商用車やフォークリフトなどの領域において活用の期待が高く、欧米、中国を中心に既に実用化が進んでいる。例えば、米国では、従来型の鉛蓄電池フォークリフトに比べて充電時間が短く稼働率が高いことから、燃料電池フォークリフトが大規模倉庫で採用され始めている。また、中国では、2030年にFCV導入目標100万台とし、北京市、上海市、江蘇省などで大規模にFCバスなどを導入する計画が進んでいる。

FCVの場合、EVに比べて機構が複雑で車体価格が高いほか、FCVに燃料を供給する水素ステーションが普及していないなどの課題がある。先行して商用車が普及する欧米や中国でも、環境保全車両に対する強力な政策誘導が市場形成のベースとなっている。日本でも、『水素社会』に向けた国家プロジェクトとしての開発投資は進む一方、水素ステーションの普及が進まずFCVの普及の足枷となっている。その水素ステーション自身も、建設・運用費が高いことに加えて、FCVが普及しないため稼働率が上がらず、採算が確保できない悪循環の状況となっている。

FCVの普及に向けては、EVとの特性の違いを踏まえて存在意義を見出せる領域を見極め、段階的な事業展開方策を示すことが必要であろう。

2.2.3 MaaSで高まるモビリティの利便性とエネルギー効率

(1) MaaSによるモビリティの価値転換～「所有」から「サービス」へ～

MaaS（マース）という言葉をご存じだろうか。Mobility as a Serviceの頭文字を取ったもので、狭義には「複数の交通手段（鉄道・バス・タクシー・カーシェアリングなど）を統合し、一元的に検索・予約・決済が可

表 2-1　MaaS（Mobility as a Service：マース）とは？

広義の MaaS	IoT や AI を活用した新しいモビリティサービス全般 （ユーザー〈需要型〉とサービス供給者〈供給側〉を IoT・AI でつなぎ、移動の最適化を図るサービス）
狭義の MaaS	複数の交通手段（鉄道・バス・タクシー・カーシェアリングなど）を統合し、一元的に検索・予約・決済が可能なサービス

出所：資源エネルギー庁「IoT や AI が可能とする 新しいモビリティサービスに関する研究会」中間整理 p.7（平成 30 年 10 月 17 日）

図 2-5　MaaS のサービス類型

サービス分類				サービス内容
カーシェア	B2C	ラウンドトリップ型		借り受けたステーションへの返却を前提としたカーシェアサービス 近年ではスマホアプリにより予約／借受／返却手続きが可能に
		ワンウェイ型	ステーション型	借りた場所と異なる場所に返却することができる、乗り捨て型のカーシェアサービス
			フリーフロート型	決められたエリア内であれば、道路上や公共駐車場など自由に乗り捨てることができるカーシェアサービス
	C2C			所有する自家用自動車を、利用者間で貸し借りできるカーシェアサービス
デマンド交通	低路線型			通常の路線バスをベースに、予約があった場合に限り運行するサービス
	準自由経路型（マイクロトランジット）			利用者の需要に応じて高頻度で運行ルート・時刻を更新して運行する乗合バスサービス
	自由経路型	B2C	タクシー配車	配車アプリなどにより、高効率にタクシー配車を行うサービス
			相乗りタクシー	配車アプリなどを用い、同方向に移動する利用者のマッチングを行い、まとめて効率的に運送するサービス
		C2C	ライドヘイリング	一般ドライバーが自家用車を用いて乗客を運送するサービス
			カープーリング	同方向への移動者同士のマッチングを行うサービス
マルチモーダルサービス				複数の交通モーダル（鉄道・バス・タクシー・カーシェアなど）を統合し、 アプリを通じた一元的な検索・予約・決済を実現したサービス
物流	物流P2Pマッチング			荷主と物流の担い手のマッチングサービス
	貨客混載			旅客運送事業者による貨物運送と、貨物運送事業者による旅客運送の両方を含んだ、ヒトとモノの混載運送サービス
	ラストマイル配送無人化			ラストマイル配送でドローンを含む無人配送ビークルを活用した配送サービス
駐車場シェアリング				アプリなどを用い、月極や個人の駐車場を一時的に貸し借りすることを可能とするサービス
移動サービスと周辺サービスの連携				既存のモビリティサービスのインフラを活用し、 フードデリバリー提供や広告・クーポン配信などを活用した消費誘導を行うサービス
コネクテッドカーサービス				車両のコネクテッド化を通じた、メンテナンス、業務オペレーションなどの高度化サービス

出所：資源エネルギー庁「IoT や AI が可能とする 新しいモビリティサービスに関する研究会」中間整理 p.7（平成 30 年 10 月 17 日）を基に三菱総合研究所作成

能なサービス」を、広義には「IoT や AI を活用した新しいモビリティサービス」を意味する（表 2-1）。MaaS という新しい概念が、未来のモビリティ利用の標準形となる。

広義の MaaS には、さまざまなサービスが存在する（図 2-5）。既に一般的となっているサービスもあり、わかりやすい例は、カーシェアリングや自転車シェアリングが挙げられる。いずれのサービスも IoT 技術を活用し、パソコンやスマートフォンで簡単に空き状況を調べ、予約し、24時間いつでも利用することができる。その利便性が認められ、2000年代初頭に登場したカーシェアリングの利用者数は年々増加しており、業界最大手のタイムズカープラスの会員数は100万人を超えている。[9] また、自転車シェアリングも同様に利用者数が増えており、利用可能エリアは年々拡大している。

カーシェアリングが普及している大きな理由は、手軽さと安さである。例えば、自ら車を所有する場合、その車の管理は自らの責任となる。また、車両購入代は、もちろんのこと、税金、月々の駐車場代、車検代、消耗品代（タイヤ、バッテリーなど）などの諸費用は、すべて個人の負担となる。一方、カーシェアリングは、利用者は管理責任を負う必要はなく、細かい点で言えば、定期的な車内清掃や洗車などの手間からも解放される。また、その都度の利用料金の支払いのみでよいため、大きなイニシャルコストやランニングコスト負担を負わなくてもよい。すなわち、手軽な利用料金で「好きなときに好きなだけ」車という移動手段を利用できるメリットが、消費者に広く受け入れられている。

このシェアリングビジネスの拡大は、人々がモビリティに求める価値に、大きな転換が起きているということを示している。すなわち、未来の都市では、車や自転車などのモビリティは「所有」するものではなく、移動という目的を満たす「サービス」のひとつとなっているということである。特に、公共交通機関が発達した都市においては、MaaSが複数の交通手段を最適統合しながら人々の移動ニーズを経済的かつ効率的に満たし、移動の最適化を実現してくれるようになる。そして、この価値転換は、交通分野のエネルギー消費量にも影響を与える。

(2) MaaSは輸送のエネルギー消費量削減にも貢献

MaaSが輸送エネルギー消費量に与える影響について、いくつか具体的な例を見てみよう。

例えば、カーシェアリング。このサービスの普及で起こるエネルギーに関連する変化は、車による移動距離の減少と、提供される車の性能向上による使用エネルギーの削減である。カーシェアリングの利用者は、「好きなときに好きなだけ」＝「必要なときに必要な分だけ」車を利用しようとする。したがって、自ら車を所有する人と比較して年間走行距離は縮小する可能性が高い。また、カーシェアリングの市場が拡大し、サービス提供者間の競争が起こる状況下においては、利用者を確保するために、常に消費者にとって魅力的な車＝最新車種や人気車種をラインナップしておく必要がある。車所有者の平均的な使用年数が8～10年であることを考えれば、カーシェアリングにおいては、所有車よりも高い環境性能を持つ車が利用されることとなり、結果としてエネルギー消費量の削減につながる。

次に、タクシー配車や相乗りタクシーなどのデマンド交通について考えてみよう。現在のタクシー会社が提供する配車システムでは、タクシー会社の事務所が無線を用いてニーズ・シーズのマッチング調整するのに対し、デマンド交通では、スマートフォンなどの端末のアプリケーション上のプラットフォームで、ニーズを持つ個人とドライバーの個人対個人を、直接マッチングできるようになる。こうしたシステムの導入は比較的簡単である。利用者（需要）とタクシー（供給）を、それぞれの位置や目的地に応じて最適なマッチングを行うことから、無駄な走行距離を削減するとともに、利用者の移動ニーズを最小の車両数で満たすことができるため、結果としてエネルギー消費量の削減につながっていく。

マルチモーダルサービスはどうだろうか。マルチモーダルサービスとは、複数の交通モーダル（鉄道・バス・タクシー・カーシェアなど）を統合し、アプリを通じて一元的な検索・予約・決済を実現するサービスである。例えば、あなたは旅行に来ており、これからホテルまで移動しようとしている場面を想像しよう。旅行先へは初めての訪問であり、ホテルまでどのように移動するのが最も効率的かわからない。こういった状況下で活躍するのがマルチモーダルサービスである。あなたは、スマートフォンにアプリをダウンロードし、出発地に「現在地」、目的地に「〇〇〇ホテル」と入れて検索すれば、バスやタクシー、カーシェアリングなどを組み合わせた最適な移動手段を提案してくれる。あなたは、自身の状況に応じて（最速で移動したい、最も安く移動したい、大きな荷物でも移動しやすいなど）、最も好ましい移動手段を知り、選択することができる。さらに、選択した移動手段の予約や手配まで、アプリ内で完結させることが可能となる。

マルチモーダルサービスが普及した際の、エネルギー消費量への影響はどうなるか。これは、さまざまなニーズが介在するため、個々の利用ケースにおける影響を一概に評価することはできないが、総じてみれば、モビリティ利用の最適化は、エネルギー利用の最適化にもつながっていくだろう。例えば、旅行先では必ずレンタカーを借りていた人が、これまで知らなかった電車やバスなどを組み合わせた他の移動手段を便利だと感じ、利用すれば、個別移動はなくなり、公共交通機関の稼働率は上がり、結果としてエネルギー消費量は削減されることとなる。逆に、利用者が増えることがわかれば、公共交通機関の運行頻度を上げたり、利用料金を下げるなどの工夫が可能となり、利便性の向上につなげることができるようになるだろう。

加えて物流の中では、物流 P2P[10] マッチングや貨客混載が、エネルギー消費量の削減に貢献するだろう。物流 P2P マッチングとは、荷物の発送者と物流の担い手をマッチングするサービスである。例えば、宅配業者のトラックの荷物スペースに余裕があり、かつ近隣に荷物の輸送を依頼したいユーザーがいた場合に、両者を効率的にマッチングすることができれば、宅配業者においては空車回送（トラックが空荷の状態で走行すること）を削減しながら追加収入を得ることが可能となり、ユーザーにおいては迅速かつ安価に荷物を配送することが可能となる。空車回送の削減は、物流におけるエネルギー消費量の無駄削減に直結する。また、貨客混載とは、旅客運送事業者による貨物運送と、貨物運送事業者による旅客運送の両方を含んだ、ヒトとモノの混載運送サービスである。前者については、過疎地の路線バスを活用した貨物輸送が実施されており、輸送エネルギーの削減に貢献している。

このようにMaaSは、我々の移動の利便性を大きく向上してくれるだけでなく、需要と供給の最適マッチングにより移動・輸送を効率化し、全体として輸送に伴うエネルギー消費量の削減を実現してくれる可能性を秘めている。

2.3 未来の住宅とエネルギー

2.3.1 未来の住宅とは：スマートハウスの実現とハウス間エネルギー融通

未来の住宅に人は何を期待するだろうか。デザイン性や耐久性、利便性、快適性など、重視するものにより、イメージされる姿はさまざまだと思うが、例えば、ロボットが日常的な家事を担い、名前を呼べばVRで遠隔地の家族や友人と会話でき、スイッチを押さずとも欲しいタイミングでエアコンや照明がON/OFFするなど、何となく日常生活におけるさまざまな行為が自動化されているイメージはないだろうか。

エネルギーの視点から見れば、この自動化された住宅は、「快適な暮らし」を実現しながら、「自動的にエネルギーの使い方を最適化」し、さらには、太陽光発電や蓄電池の導入により、「使用するエネルギーを自ら供給」する住宅であることが期待される。つまり、「快適」、「省エネ」、「エネルギー自給」の3つがセットになった住宅である。一般に、このような住宅はスマートハウスと表現されている。

未来のスマートハウスに欠かせない技術は、IoTが埋め込まれた家電や設備、電気を供給する太陽光発電、電気を貯める蓄電池、電気自動車などの各アイテムと、これらを統合して最適運転を行うエネルギーマネジメントシステムである。未来の住宅においては、これらのアイテムが標準装備されており、誰もが意識することなく、いつの間にかスマートな生活を送っている。

さらには、スマートハウス同士が相互につながり、複数のスマートハウスを最適管理することで、エリア単位で「快適」、「省エネ」、「エネルギー自給」を実現することも可能となる。例えば、ある真夏の日曜日、あなたの家族は出かけていて家に誰もいない時間帯、隣のお家ではホームパーティが開かれていて、IH クッキングヒーターや電子レンジ、エアコンがフル稼働しているとしよう。このような場合、あなたの家では、太陽光発電の電気が余り、隣のお家では、太陽光発電の電気が足りなくなる可能性がある。そこで、自動的に太陽光の電気を融通（取引）できれば、あなたには、新たな収入が入り、お隣さんも電気代の節約につながり、お互いにハッピーとなる。エネルギーの視点から見ても、太陽光発電の電気を捨てることなくフル活用することが可能となり、CO_2削減に貢献する。このようなエリア単位のエネルギーマネジメントを実現するためには、スマートハウス同士の電力取引を可能とする P2P とブロックチェーン技術が必要だ。

ここでは、未来のスマートハウスにおいて鍵となる、太陽光発電と電気自動車をつないで最適管理を行う技術である V2H（Vehicle to Home）と、ブロックチェーンを活用した P2P 取引の動向を取り上げる。

2.3.2 V2H が実現する太陽光による自給自足の暮らし

(1) V2Hとは

2050 年の住宅では、あらゆる屋根や壁に太陽光パネルが設置され、家電などの電気に加え、EV への充電も太陽光で行うことで、移動にかかるエネルギーも含めた自給自足の生活が実現しているだろう。そんな生活に欠かせないシステムが、V2H である。

V2H とは、太陽光の電気を EV に充電するとともに、必要時には EV から住宅に電気を供給するシステムである。双方向の電気の流れ（太陽光

図 2-6 V2H システム概要図

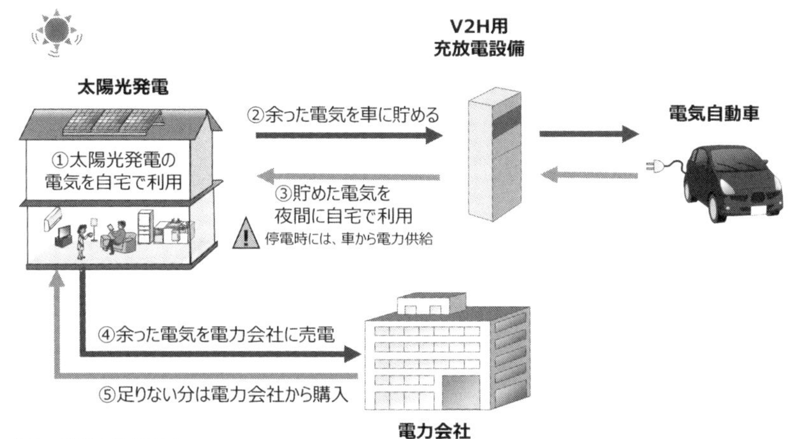

出所：三菱総合研究所作成

→EV・EV→家）を作り出すことにより、太陽光で発電した電気を最大限に活用することが可能となる（図 2-6）。

V2H を構成する主な機器は、太陽光発電システム、EV、V2H 用パワーコンディショナ（充放電設備）である。既に太陽光が設置されている家庭であれば、1日程度の工事で V2H システムを設置することができる。現状は、V2H システムの価格が高いために導入数はまだ少ないが、太陽光発電や V2H 用のパワーコンディショナ―の価格が大幅に低下する未来においては、V2H は住宅の標準装備品となっているだろう。

(2) V2Hがもたらす3つのメリット（お得、安心、環境貢献）

V2H のメリットには「お得」、「安心」、「環境貢献」の３つが挙げられる。消費者にとって最も大きなメリットは、やはり「お得」だろう。太陽光で発電できるのは昼間に限られるため、夜間も太陽光の電気を使用したい場合は、昼間のうちに蓄電池に電気を貯めて、夜間にその電気を取り出す必要がある。V2H があれば、移動手段としての EV と、蓄電池としての EV の双方の機能を活用しながら、EV の走行や家電などの電力消費機器にかかる電気代を削減することができる。

さらに、非常時でも電気の供給が可能である点もV2Hの大きなメリットである。台風や地震などの自然災害により、大規模な停電が起こった場合においても、V2Hシステムがあれば、数時間〜数日、電気を供給し続けることができる（EVの残充電量や天候による）。一般社団法人太陽光発電協会の調査によると、2018年に北海道で起こった大規模停電、さらに2019年9月の台風15号による千葉県内の停電の際には、太陽光発電設備を持つ住宅の多くが自立運転機能を用い、自宅で発電した電力を用いたとされる。太陽光発電設備のみでは昼間の日照時のみの電力供給だが、さらにV2Hシステムが導入されれば、EVへの充電・放電機能を用いて持続的な電力供給が可能になると期待される。[11]

このように、V2Hシステムが標準装備となっている未来の住宅は、「お得」と「安心」、さらには太陽光電気の活用という「環境貢献」のメリットを同時に享受することのできる優れた住宅になっているのである。

V2Hと同じ技術は、住宅以外の建物、例えば、業務ビルや商業ビルにも導入することができる。この技術は、V2Hではなく、V2B（Vehicle to Building）と呼ばれる。移動手段であるEVは、当然ながら常に住宅に駐車されているわけではなく、朝晩の通勤や日中の業務にも使用される。例えば､大規模に太陽光発電が設置されている業務ビルや商業ビルであれば､駐車場にV2Bシステムを導入することにより、V2Hと同様のメリットを享受することができる。

COLUMN

台風15号による千葉県内大規模停電時における太陽光発電の自立運転の活用

太陽光発電協会では、北海道胆振東部地震によって発生した大規模停電に際し、太陽光発電の自立運転機能（停電時に太陽光発電の電気を非常用電源として活用する機能）の活用実態を把握するためのアンケート調査を実施した。その結果、住宅用太陽光発電システムを設置している世帯の約80％が、自立運転機能により停電時に太陽光発電の電気を活用できたことがわかった。

〈自立運転機能を利用された方の声〉

- 冷蔵庫を使うことができたので、中の食べ物を腐らせずに済んだ。
- 日中に冷蔵庫・洗濯機・扇風機・テレビが使えた。
- 近隣の方へ携帯の充電などで貢献できたことが嬉しかった。
- 特に、蓄電機能を併設されている方からは、1週間程度停電が続いたが太陽光（発電）のみで電気が供給できて大変助かった、夜電気が使用できることで子供も安心して過ごせたとの声が寄せられた。

出所：一般社団法人太陽光発電協会「災災害時における太陽光発電の自立運転についての実態調査結果（台風15号）」（http://www.jpea.gr.jp/topics/191017.html）

(3) あらゆる家電・設備とつながりエネルギー利用を最適化

V2Hは、スマートハウスを構成する一要素であり、未来の住宅ではV2Hに加えて、家の中のあらゆる家電・設備がIoTでつながり、太陽光発電の発電状況や電気料金に応じて、最も省エネ、かつ、お得になるよう、各家電・設備が自動制御されるようになる。

例えば、電気でお湯を沸かすヒートポンプ給湯機（エコキュート）は、太陽光の発電状況や、他の家電の電力使用状況、EVの充電状況（充電器につながっているかどうか、充電残量は設定値を上回っているかなど）、時間帯別の電力料金[12]などの情報をリアルタイムに把握し、どの時間帯にお湯を沸かせば最も「お得」になるかを自動で判断するようになる。また、EVについても、同様の情報をリアルタイムに把握し、どの時間帯に、どれくらいの電気を充放電すれば最も「お得」になるかを自動で判断するようになる。

2.3.3 隣の家から直接電気を買う時代

(1) 電気を売るのは必ずしも電力会社ではない時代

2016年4月に始まった電力の小売全面自由化によって、電気の需要家は誰から電力を購入するかを選べるようになった。実際に、2018年度には東京電力や関西電力といった旧一般電気事業者ではない、いわゆる新電力による販売電力量が全体の15%程度を占めるようになってきている。読者の皆様も、ここ最近ガス会社や鉄道会社、不動産会社などによる電気売りのテレビCMや広告をよく目にするようになったのではないだろうか。さて、2050年においては、人々や企業は誰から電力を買うようになっているのだろうか。

「エネルギーのきほん」で示したとおり、現在、電気は火力発電所や太陽光発電所などで発電されたあと、送電線で送られ、需要家に届けられる。これらの過程を従来電力会社が一括して請け負ってきたわけだが、2016年4月以降、電力システム改革の一環で「発電事業者」、「送配電事業者」、「小売電気事業者」の3つのライセンスに分類されて、新規参入が可能となった。

現在の需要家は、電気を販売している小売電気事業者を通じて購入することが一般的であり、電源の大小を問わず、発電事業者から直接購入することは制度上許されていない。しかし、今後さらに再生可能エネルギーの普及が進み、分散型のエネルギーシステムが構築されていった場合、発電事業者と需要家の間で小売電気事業者が仲介することの必然性は薄まっていく可能性がある。「あの地域のあの水で作った電気が欲しい」と発電事業者と直接取引することも可能になる。

また、これまでは純粋に電力の消費者であった需要家が、太陽光発電の普及などによって自ら発電を行うプロシューマーに変化してきており、その数は今後も増加していくことが想定される。近所の工場の屋根設置太陽光パネルで発電された電力を購入する、さらには、「ちょっとお醤油貸して」

の感覚で、ご近所住宅から余った電気を買うこともあり得ないことではない。遠隔にある電気事業者からではなく、プロシューマーである地域の発電者から直接購入することができるようになれば、資金を地域内で循環させることも可能となるといった利点も存在する。

(2) P2P(需要家間)取引を可能にするブロックチェーン

需要家同士の直接の電力取引は、Peer to Peer（P2P）取引と呼ばれる。プロシューマーのような発電者兼需要家と別の需要家が直接電気の売買を行うことを実現するには、技術的課題もある。買う側も売る側も手間なく取引を進めるためには、個々の取引量を適切に把握し、円滑な支払いの仕組みをつくることが課題となる。

このような課題を解決する技術としては、ブロックチェーン技術を活用したP2P取引が注目されている。ブロックチェーンは、仮想通貨の取引をインターネット上で行うために生まれた技術であるが、仮想通貨に限らずさまざまな分野への適用が検討されている。電力取引についてもブロックチェーン技術の活用候補のひとつとされており、電力の取引量や売買金額をブロックチェーン上で記録することで、発電者と需要家が直接取引を行うP2P取引を実現することができる（図2-7）。

現在のプロシューマーは、余った電力を小売電気事業者に買い取ってもらい、小売電気事業者が別の需要家に販売するというのが電力取引の流れであるが、ブロックチェーンによるP2P取引が普及すると、例えば、自らが発電した電力が余っていれば、それを隣の家に売るということも技術的には可能になる。

それでは、ブロックチェーンを活用したP2Pの電力取引の実現によって、発電者と需要家が完全に独立した相対取引を行うことになるのだろうか。現実的には、そうはならないだろう。実際には、どのように電力使用量のデータをやり取りするか、どのように料金を支払うのかといった枠組みが整備されたプラットフォームを介して取引が行われることが想定され

図 2-7　P2P による電力取引の流れ

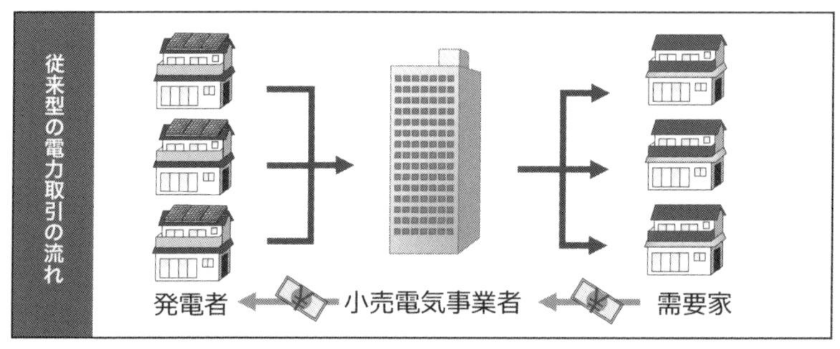

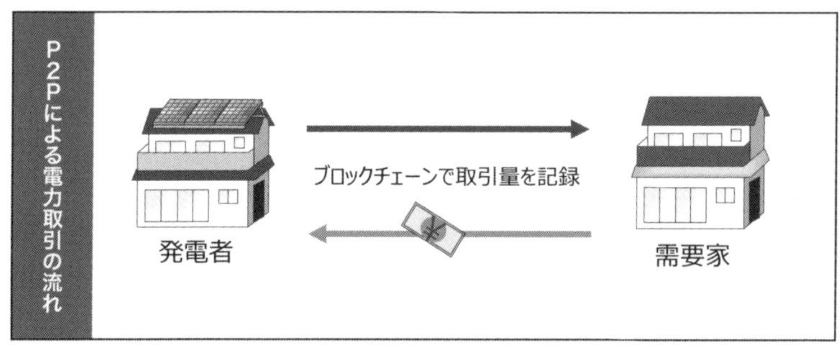

出所：三菱総合研究所作成

る。つまりは、現在の小売電気事業者に近い役割を P2P 取引のプラットフォーマーが担うことになる。そうなると、結局は、従来の仕組みと変わらないのではないかという疑問も生じるが、ブロックチェーン技術を活用することで、需要家は共通のプラットフォームを活用する発電者を特定することがより容易になる。

電気そのものは、家電やモビリティなどさまざまな機器の動力でしかなく、これまでは電気には色がついていないことが一般的であった。一方で、近年の再生可能エネルギーの普及や脱炭素化への取り組みの拡大によって、どのようなエネルギー源によって生み出された電力であるかを選びたいと考える需要家が増加しており、企業による RE100 のような取り組みも普及しつつある。一般消費者においても、再生可能エネルギーによる電力を販売している小売電気事業者を選択するといった、自らのライフスタイルや価値観に合わせて購入する電気を選択することができるようになっている。

このような、需要家による多様な電力への志向性を実現するのがブロックチェーンによるP2P取引であり、従来の小売電気事業者を介した取引よりも手間が少なく、スピーディーに多様な選択肢から電力の調達を行うことが可能になる。

また、ブロックチェーンによるP2P取引は、電源の特定以外にも電力調達のさらなる柔軟性を向上させるといった効果も想定される。例えば、需要家がある一定の量を、ある一定の金額を下回った際に特定の電源から購入したいと考えた場合、ブロックチェーンを通じて入札を行うことで、瞬時に希望に合った電力を購入することも可能となる。

(3) ブロックチェーンによる電力のP2P取引を実現するために解決すべき課題

今後、実際にブロックチェーン技術を活用したP2P取引が実現するには、いくつかの課題も存在する。現状は、「ちょっとお醤油貸して」の感覚で、近所の住宅から電気を買うことは制度上困難であり、かつ技術的にも開発余地が多くある。

第一に、現在の法制度においては需要家同士で電力の取引を行うことは認められていない。仮に一般住宅の世帯主が自らの余剰電力を近所の家（需要家）に直接供給する場合であっても、現行制度上は世帯主が小売電気事業者に該当してしまう。小売事業者には、さまざまな法的義務が課されることから、大多数の個人が小売事業者になることは考えにくい。また、電力の供給を行うためには、ほかにも特定供給の許可を得るなどの手法も考えられるが、不特定多数の需要家に供給する場合には、需要家ごとに許可を得る必要が生じることからその手間を考えると現実的な方法とは言えない。P2P取引を実現し、将来的な普及を目指すためには、これらの制度面での課題を解決する必要がある。

第二に、託送料金の問題が挙げられる。需要家同士で電力の取引を行う場合であっても、その電気は、送配電事業者の有する電力網を経由することになる。その場合、電力網の使用量として、託送料金を送配電事業者に支払う必要が生じる。この託送料金は、供給先までの距離に寄らず一律であり、供給量が少ないほど（低圧ほど）単価が高いという仕組みになっているため、少量の電気を近距離でやり取りする場合には非常に割高になってしまう。P2P 取引の普及を踏まえた新たな託送料金に関する仕組みが必要である。

第三に、技術的な課題が挙げられる。ブロックチェーン技術はデータの改ざんなどの不正に対する強さや透明性が特徴ではあるものの、大多数の需要家が P2P 取引によって電力の調達を行うようになった場合には、さらなるセキュリティ面の強化が必要である。また、大量のデータをやり取りするための処理速度のさらなる向上も必要となる。

2050 年においては、このような課題が解決され、需要家による電力調達の自由度が格段に向上しているものと想定され、結果として、再生可能エネルギーのさらなる低価格化、普及拡大といった好循環が生まれていることが期待される。

2.4 災害に強いレジリエントなエネルギーシステム

2.4.1 エネルギーに対する国民の意識の変化

2011 年に発生した東日本大震災は、日本のエネルギー政策や国民・企業におけるエネルギーに対する意識に大きな変化をもたらした。具体的には、震災前ではエネルギー政策の基本を「安定供給の確保（Energy Security）」、「環境への適合（Environment）」、「市場原理の活用（Economic Efficiency）」という 3E に置いていたのに対し、震災後の第 4 次エネルギー基本計画においては、これらの3Eに加えて「エネルギーの安全性（Safety）」が大前提として位置づけられている。

また、企業の意識の変化としては、震災などの災害時において、いかに事業継続性を確保するかというBCP（Business Continuity Plan）を策定する企業が増え、この企業のBCPに貢献するサービスを提供するような新たなビジネスも増えてきている。

国民にとっても同様であり、災害発生時における停電への備えとして、多少のコストをかけてでも自家発設備を導入しようとする世帯が多く存在したことも事実である。固定価格買取制度（FIT制度）の導入で住宅における太陽光パネルの設置が加速したことも、こうした備えへの投資を後押ししている。

このような変革のなかで、災害などの非常時において、企業活動や生活に必要な機能を可能な限り素早く回復させるというレジリエンスの視点が重視されるようになっている。特に自らが使用するエネルギーの多くを外部からの供給に頼ることになる都市部においては、停電などによって、その供給がストップした場合の影響は非常に大きく、いかに迅速な復旧を図るか、自立的なエネルギーの供給システムを構築するかということが現在の大きな課題となっている。

COLUMN

停電時の自立的な電力供給

千葉県長生郡睦沢町と地元企業が設立した新電力会社である「CHIBAむつざわエナジー」は、地域内での資金循環・地域振興を目的に、町内の太陽光発電設備などによる電力を地域の公共施設や企業、一般家庭などに販売することでエネルギーの地産地消を実現している。

また、同社が運営する「むつざわスマートウェルネスタウン」では、地元の国産天然ガスを利用したガスコージェネレーション、太陽光、太陽熱による電気と熱をエリア内の道の駅や住宅などに供給している。防災拠点となる道の駅に対する停電時のエネルギー供給が可能となることを前提に事業が構築され、実際に、2019年9月9日に台風15号による睦沢町を含む大規模停電の際にも、地中化した自営線を通じた電力供給、温水シャワーの無料提供を行っている。

【周辺店舗や住戸が停電する中、明るく輝く道の駅（左）と住宅（右）】

【無料開放の温水シャワーとトイレに800名以上の周辺住民が訪れた】

出所：CHIBAむつざわエナジーウェブサイト
https://mutsuzawa.de-power.co.jp/wordpress/wp-content/uploads/2019/09/pressrelease_20190912.pdf

2.4.2 レジリエントなエネルギーシステムの構築と脱炭素化に向けた課題

災害に強いエネルギーシステムを構築していくためには、企業によるBCPの強化、一般消費者による住宅での自家発電・自家消費だけで十分だろうか。特に都市部では、3.1で示すとおり、建物単体でのエネルギー自給率を高めることは容易ではなく、複数の建物が連携してエネルギーを融通し合う仕組みを構築することが重要である。つまり、より多くのエネルギーを創ることができる建物が、エネルギーを創る能力の低い建物に対して供給を行うことができるようなシステムを構築することが必要となる。

図 2-8　分散型のエネルギーシステム

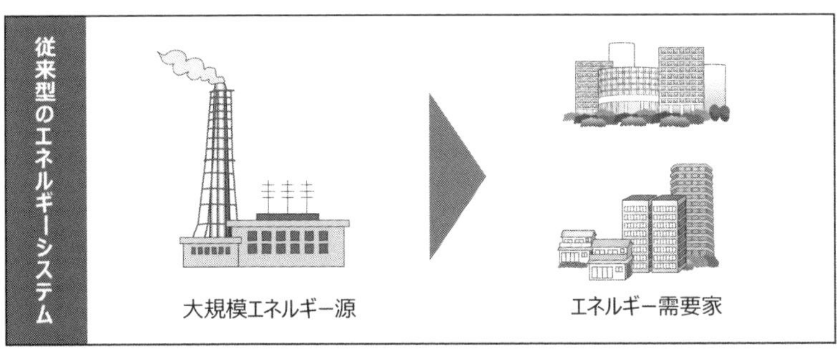

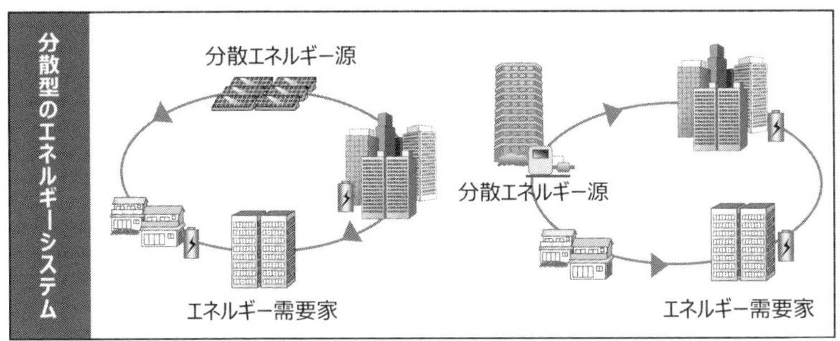

出所：三菱総合研究所作成

エネルギーの融通は、停電などの非常時に限ったシステムである必要はなく、大規模かつ高効率な発電設備や熱供給設備によって多くのエネルギーを生み出し、複数の建物や地域レベルで活用することにより、平常時においても効率的なエネルギーシステムとすることが可能となる（図 2-8）。

このように、災害に強いレジリエントなエネルギーシステムには、これまでのような大規模エネルギー源から需要家への一方向的な供給構造ではなく、分散化したエネルギー源が、自らの立地する周辺の施設に対してエネルギーを供給する仕組みを多くのエリアで実現していくことが求められる。もちろん、分散化することでエネルギーシステム全体としての効率は低下するが、太陽光や未利用熱などの都市部においても活用可能な再生可能エネルギーを活用し、分散型であっても脱炭素なエネルギーシステムを構築していくことが求められている。

災害に強いレジリエントな分散型のエネルギーシステムを構築していくためには、何が必要になるだろうか。脱炭素化したエネルギー源そのものを計画的に配置していくことはもちろんではあるが、特に都市部においては、現実的に活用可能な再生可能エネルギーの種類は決して多くは存在せず、それは 2050 年であっても大きく変わらないだろう。おそらく、電力については太陽光発電、熱については太陽熱や下水熱、地中熱などが主な都市部のエネルギー源としての候補であり、水力や風力、地熱などの他の再生可能エネルギー源を都市部で活用することは容易ではない。これらに加えて、都市ガスや水素、廃棄物などによるコージェネレーション、燃料電池なども候補となるだろう。ただし、再生可能エネルギー由来の水素などのカーボンフリー燃料は別としても、これらのエネルギー源は完全な脱炭素化は難しく、2050 年に向けた大幅な CO_2 削減を図るうえでは、過度に依存することは避けるべきであるとも考えられる。

エネルギー源の選択に加え、分散して設置されたエネルギー源から需要家までどのように供給を行うのかについても、分散型エネルギーシステムの構築における課題となる。例えば、電力であれば、平常時・非常時ともに系統のみに頼らないマイクログリッドを自営線[13]を整備して形成するエネルギーシステムや、平常時は系統及び一部の自営線によって需要家への電力供給を行い、系統の停電時には自営線によって電力供給を行うといったシステムも考えられる。

どのような供給システムを構築する場合であっても、重要なステークホルダーとなるのが送配電事業者と自治体である。特に都市部のようなエネルギー需要密度の高い地域においては、完全に系統から切り離されたマイクログリッドを形成し、そのエリアを100%エネルギー的に自立させることは容易ではなく、大小の違いはあっても系統電力からの供給を受ける必要がある点については、2050年においても同様であると考えられる。その場合、平常時に系統電力をどう活用するのか、停電時にはどうするのかといったことについて、配電網の所有者である送配電事業者との間で取り決めをしておくことが必要となる。

また、自営線を敷設する場合にも、熱導管を敷設する場合にも、エネルギーを供給するエリアが広域であればあるほど公道や河川などを跨いで工事を行う必要が生じるが、このような場合には、国や自治体への申請、調整が必要となる。近年、国のエネルギー政策と歩調を合わせる形で、自治体においてもエネルギー政策として分散型のエネルギーシステムの構築を推進する動きが加速しており、民間事業者がエネルギーシステムを構築する際にも協力を得やすくなってきている状況にある。そのため、新たにエネルギーシステムを構築していく際には、自治体とも連携し、地域全体としてのレジリエンスの向上、エネルギー自給率の向上に貢献していくことが求められる。

2.4.3 将来に受け継ぐ財産としてのインフラ整備

エネルギーインフラは、その更新に非常に大きな投資が必要であり、一度整備すると数十年というサイクルで使い続けるものである。社会的な要請に合わせて短期間で柔軟に更新できるものではない。すなわち、2050年のエネルギーシステムとは、そのときになって初めて実現されるものではなく、今後30年間の蓄積として構築していくものであり、財産として将来へ受け継いでいくことが求められる。そのため、災害に対する強靭性とともに、脱炭素化に向けた環境性についても十分に検討したうえで、2050年に向けたエネルギー源の在り方を選択していくことが重要である。

理想的なエネルギーシステムを構築していくためには、乗り越えなければならない制度的制約やコスト面での課題も多く存在するが、2011年の東日本大震災や2018年の北海道胆振東部地震、2019年の台風15号などによる停電を経験した日本においては、持続可能で安定的なエネルギー供給を行うことができるインフラ構築の必要性を痛感したはずだ。人々が安心して生活を送るためにも、企業が持続的な成長を実現していくためにも、さまざまなステークホルダーが連携して課題を解決していくことが必須である。

3

未来の地域とエネルギー

１章で示した2050年のエネルギーシステムについて、２章では、生活シーンごとにそのイメージを深化させた。本章では、地域特性を５つに分けてその姿を見ていきたい。2050年のエネルギーシステムとしては、①供給側では再生可能エネルギーが主力電源となっている、②需要側ではエネルギーの電化が進展しつつ、多様な選択肢が用意されている、③分散化されたリソースが適切にマネジメントされ、エネルギーシステムを支えているという３つの前提条件がベースとなることを１章で確認した。ただし、都市と地方では、再生エネルギーの賦存量も、需要家の数・密度も大きく異なるため、エネルギーシステムの姿は大きく異なることが予想される。

前述のとおり、三菱総合研究所では、2019年10月に「未来社会構想2050」[14]を発表した。「未来社会構想2050」では、未来の地域構成について考察しており、本章では、このうち５つの地域特性を前提にエネルギーの姿を考えていきたい。

「未来社会構想2050」では、デジタル技術の浸透で居住地が通勤距離や買い物の利便性に縛られなくなる結果、地方の県庁所在地や、その他の中核市の人口シェアが拡大することを予想している。そこで、本書では、東京圏や関西圏のみならず、これら地方の中核市を未来の『都市』として取り上げた。

一方の中核市などに人口が流出した周辺市町村は、コンパクト化や、圏域単位の地域マネジメントなどによって持続可能性を高める工夫が求められる。特に地域に賦存する各々の資源を活用して地域外から収益を得る市町村などは、地域の稼ぎ頭として期待され、「未来社会構想2050」においては一芸市町村と定義されている。本書では、一芸市町村の例として、農業を一芸として有する『農業地域』、工業を一芸とする『工業地域』、エネルギー供給を行う『エネルギー供給地域』の３つを取り上げた。さらに、「未来社会構想2050」で地域外から稼ぐ力が不足している市町村をロハス地域と定義しているが、本書では、これら地域を『過疎地域』としてエネルギーシステム存続の可能性を探った。

3.1 未来の都市とエネルギー

3.1.1 未来の都市とは

「未来の都市」と聞いて思い浮かぶ姿はどんなものだろうか。そのイメージはおのおのさまざまである一方で、もしかすると世代によっては共通項が存在するというようなこともあるかもしれない。多くの人が、多くの世代が、現時点では異なるイメージを持っていたとしても、30 年後に現実にやってくる「未来の都市」は、ただひとつである。

2050 年の 30 年前である現在においては、未来の世界像は無限に存在するが、ここでは、そのような無限の可能性の中のひとつを提示してみたい。

(1) 人口・暮らし

未来の都市には、どの程度の数の人々が暮らしているのだろうか。国立社会保障・人口問題研究所（社人研）よる市区町村別の将来人口推計値を参考[15]に日本全体と都市部での人口の変化を見ると、図 3-2 に示すように、日本全体の人口が 2015 年の 1 億 2,700 万人から 2050 年に 1 億 200 万人に減少(19.8％減)するのに対し、東京 23 区では 927 万人から 964 万人に増加(4.0％増)、大阪市では 269 万人から 233 万人に減少（13.3％減）となっている。東京 23 区においては、現在よりも人口が増加することが示唆されており、大阪市においては、絶対数は減少するが、日本全体に比べるとその減少率は低くなっている。

次に、65 歳以上の高齢者が占める比率を見ると、日本全体では、ほぼ直線的に増加していく。一方、東京 23 区や大阪市では、2030 年までは微増に留まるものの、その後 2050 年にかけて大きく増加する傾向を示しており、大都市においても 2050 年時点では、およそ 3 人に 1 人は高齢者となっている社会が想定されている。

この社人研による人口推計では、都市部の人口減少率は日本全体よりも

図 3-1　未来の都市とエネルギーイメージ

出所：三菱総合研究所作成

低いことが示されており、人口密度の高い都市部の人口比率が高まり、コンパクトなまちづくりが実現されれば、日本全体としてのエネルギー効率の向上にもつながると考えられる。一方で、エネルギー以外の視点からは、都市部への一極集中が加速していくことはさまざまな問題を誘発することになるため、後述する農業や工業などの一芸を有する地域を活性化させ、過度な人口集中を抑えるような社会を形成していくことも重要である。

都市部の人口は、日本全体に比べて大きく減少しないことは前述のとおりであるが、人々の暮らしは、どのように変化しているのだろうか。デジタル技術の進展により、生活に必要なさまざまな要素を今よりも手軽、スピーディー、低コストに入手・実現することが可能になる一方で、個人の多様な嗜好に応じた商品やサービスはより高付加価値化していくことが想

図 3-2　日本の主要都市における人口の変化

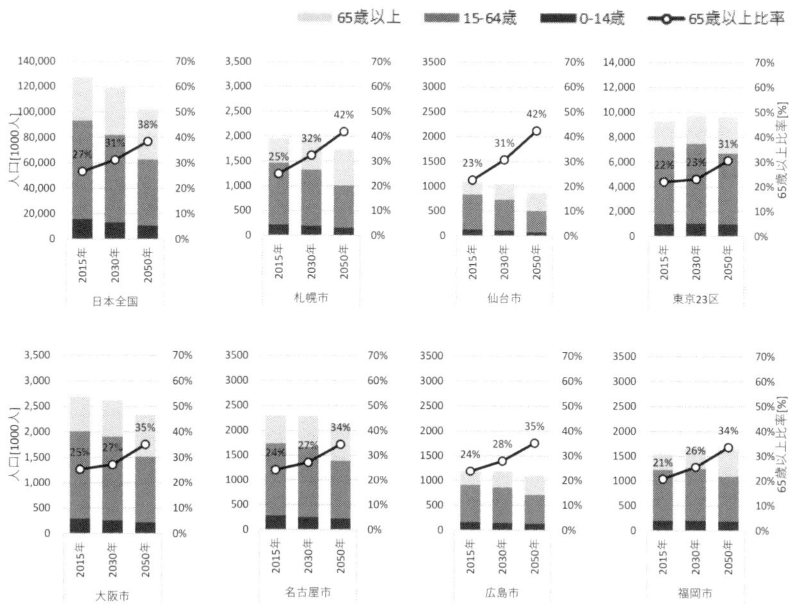

出所：国立社会保障人口問題研究所のデータを基に三菱総合研究所作成

定される。すなわち、暮らしにかかわる必要最低限の衣食住に対しての消費ではなく、自らが好む対象に特化した消費が拡大していき、そのような個人の嗜好に合わせた財やサービスを提供するビジネスが加速的に広がっていくものと考えられる。

また、コンパクト化された都市部においては、徒歩もしくは自転車などで移動可能な距離に生活に必要な機能が集積していることが求められる。そのうえで、集積化したあとにできた空間を緑化するなど、自然へのアクセスも確保されているようなまちづくりを行っていくことが必要である。

(2) 働き方・産業

2.1 で示したとおり、今から 30 年後の 2050 年には、多様な働き方が実現し、年齢・性別を問わず、多くの人々が働く社会が実現すると想定される。また、産業構造として比較的第 3 次産業への従事者が多く、なかでもオフィスワーカーの比率が高い都市部においては、働く場所を選ばない就業形態が普及していると考えられ、自社のオフィスではなく自宅や自宅に近いシェアオフィスなどで働く人々が増加していくことになるだろう。そのような働く場所の多様化にあわせて、企業によるオフィスの使用形態も変化していくことが予想される。具体的には、人々が働く場所の形態として、企業が自社の従業員が働くオフィスを所有・賃貸する形態から、企業が個別に所有・賃貸せず、一時使用や期間限定での使用などといったサブスクリプション型に移行していくことが考えられる。

また、都市部においても高齢化は加速していくことは前述のとおりであるが、高齢化＝要介護者の増加ということではなく、医療技術の進展などにより健康寿命が延伸され働く高齢者が増加していくだろう。健康な高齢者が増加することは、就労支援や生涯学習など高齢者を対象とした各種のサービスに対する需要も増加していくことにつながり、そのようなサービスに従事する人口も増加することになる。

さらに、外国人旅行者や労働者は、今後も増加していくことが予想され、都市ならではの観光サービスの提供や、訪日外国人を受け入れるためのインフラ整備なども進んでいくことが想定される。海外とのつながりという点では、働く場所の多様化は海外の企業で働く就労者の増加にもつながっていくだろう。デジタル技術の進展などにより、今よりももっと海外とのコミュニケーションが容易になり、現地企業で働くのと同じ業務内容を日本にいながら実現することも可能になると考えられる。一方で、時差という物理的な違いは解消されないことから、働く場所だけでなく働く時間帯についても多様化が進んでいくだろう。この働く時間の多様化もサブスクリプション型のオフィスの使用形態を普及させる要因になっていくと考えられる。

(3) 移動・物流

未来の都市において、人々の移動や物の流れはどうなっているだろうか。現在の都市における人々の移動については、地方に比べて人口密度が高いことから公共交通機関が発達しており、個人が自動車に乗らなければならないケースは、地方に比べると多くはない。

一方で、2.2 に示したとおり自動運転技術の進展やパーソナルモビリティの普及など、個人に適した多様なモビリティの選択肢が生まれる。では、2050 年においては、今よりも自動車で移動する機会は増えているのだろうか。確かに、これらの技術は、将来的な自動車移動を拡大させることにつながる可能性はあるものの、特に都市部においては、人口密度の高さゆえにその普及は容易ではないだろう。例えば、自動運転については、高速道路や交通量が少なく、自動運転車両専用の道路を用意しやすい地域においては、比較的容易に普及が可能であると考えられるものの、車両も歩行者も交通量が多い都市部市街地においては、自動運転技術の普及は 2050 年よりももっと先の未来になることが想定される[16]。

それでは、2050 年においても都市における人々の移動は今と変わらないのだろうか。前述した働き方の多様化は、人々の移動にも影響を与えるだろう。現在は、電車に乗って自宅から勤務地まで通勤している就労者が自宅や近所のシェアオフィスで仕事ができるようになると、今よりも移動距離自体が短くなり、徒歩や自転車などでの移動可能圏内で働くことが可能となり、公共交通機関の混雑は解消されていくだろう。

また、自動車の利用頻度が少なく、移動距離も短くなる都市部においては、自家用車を所有するニーズは今以上に減少していくだろう。そのため、自動車を個人で所有するのではなく、カーシェアリングサービスを利用する人がますます増加していくことが想定される。2.2 に示したとおり、カーシェアリングは移動距離の減少につながる可能性がある。

以上、モビリティ技術向上による都市部での移動距離上げ要因はあれど、市街地での新技術適用の困難さに加え、通勤減少やカーシェアリング普及による下げ要因が大きく、基本的には都市内の人々の日常的な都市内移動は減少傾向が予想される。

次に、物の流れはどうなっていくだろうか。都市においては、基本的に物の需要が供給を上回ることから、外から入ってくるものをいかに効率的に需要地まで届けるかということが重要になる。現在の物流は、トラックのような車両を用いて複数の需要家に対する荷物をまとめて運び、各需要家までドライバーが届けるという形態となっていることが多い。このトラックを自動運転化することは、前述のとおり都市部では容易ではないが、トラックから個別需要家までの配達を自動化することは考えられる。例えば、トラックは、各地に備えられた配送ロボットまで荷物を運び、個別需要家への配送は、そのロボットに担わせることで物流の効率化を図るとともに、セキュリティに配慮したうえで配送ロボットに荷物の保管機能を持たせることで、現在課題になっているラストワンマイル問題の解消にもつながるだろう。

また、ドローンを活用した物流もさらに普及していくことが想定される。人や建物が密集している都市部においては、大型の荷物を大型のドローンで運ぶことは容易ではないと考えられるものの、例えば、現在はバイク便などが担っているような荷物や食事のデリバリーサービスなどについては、ドローンが代替していくことも考えられる。

COLUMN

自動走行ロボットの物流分野における活用

経済産業省では、物流会社やまちづくりを担う不動産会社、技術を持ったメーカー、自治体、有識者、省庁などで構成される「自動走行ロボットを活用した配送の実現に向けた官民協議会」を2019年度より開催

効果	論点
人手不足の解消	安全性の確保にあたっての役割分担の整理
交通環境の向上	ユニバーサル性の確保（交通弱者への配慮）
生産性向上	マップなどのインフラ整備（協調領域の検討）
消費者利得の向上	事故時の法的責任分界点の整理 （ドローンや自動運転の議論を参考とするか）

<ラストワンマイルにおける自動走行ロボットの活用イメージ>

1．営業所⇒自宅

①営業所からのラストワンマイル配送を自動走行ロボットで代替。
②到着予定時刻や到着時の通知はアプリなどを用いて直接消費者に通知。
（開封用のパスワード等も合わせて通知）

2．営業所⇒指定地点

・消費者が受け取る地点、時間を指定するなど、オンデマンドで受け取り。

3．自動走行ロボットのインフラ化

・配達だけではなく集荷も含めて１台で行い、異なる事業者の荷物を同一のロボットで配送。

出所：経済産業省「自動走行ロボットによる配送の実現に向けて」
https://www.meti.go.jp/shingikai/mono_info_service/jidosoko_robot/pdf/001_03_00.pdf

している。この協議会では、人手不足や高齢化といった物流業界が抱える社会課題の解決策として、ラストワンマイルでの自動走行ロボットの社会実装に関する議論が行われている。

2019年9月に開催された第1回の協議会においては、自動走行ロボット配送の実現による効果と論点が整理されており、既に開発されつつある技術をいかに社会実装していくかに関する議論が行われている。

実際の普及までには、解決すべき課題は多いと考えらえるものの、国内外での実証も進められており、ラストワンマイル問題の解消は、エネルギー的な視点から見てもその削減効果が期待される。

3.1.2 都市を支える遠隔地からの再生可能エネルギー由来電力供給

(1) 都市で消費する電気はどこから来るのか

2050年に向けて大幅な脱炭素化を進めていくためには、需要側での電化が鍵になることは1章で述べたとおりである。では、未来の都市で消費される電気はどこから来るのだろうか。

現在の都市では、遠隔地で発電された電気を、系統を通じて都市部に引き込んで使用している。もちろん、住宅における太陽光発電の普及は拡大しているものの、都市全体の電力需要と比較すると、その量は非常に少ない。実際に、千葉大学法政経学部の倉阪秀史研究室と環境エネルギー政策研究所による「永続地帯2018年度版報告書」では、東京都の電力自給率は1.8%、大阪府では3.8%程度と低い値が示されている。[17]

この都市における電力自給率が2050年にかけて大きく向上していくことは考えられるだろうか。住宅やビルなどにおける太陽光発電やコージェネレーション、燃料電池などによる熱電併給システムのさらなる普及などによって、現在よりは高い自給率を実現することはできるだろう（コージェネレーションや燃料電池は、域内で電気を作るという意味では自給率向上に寄与するが、その燃料として化石燃料を使用する場合、脱炭素化には大きく寄与しない点には留意が必要)。しかし、人や企業が密集して生活や経済活動を営んでいる都市部においては、域内での発電量だけで、その活動によって生じる電力需要の多くを賄うことは難しい。また、持続的な経済成長を続けていくためには、今よりもより合理的で効率的な活動を行うための集約型のインフラを整えていく必要があり、結果的に再生可能エネルギーなどの発電設備の設置場所は減少していくものと考えられる。そのため、再生可能エネルギーの地産地消により、エネルギー自給率を大幅に高めていくことは、将来の都市においても容易ではない。

図 3-3　戸建住宅／集合住宅における太陽光パネルの設置イメージ

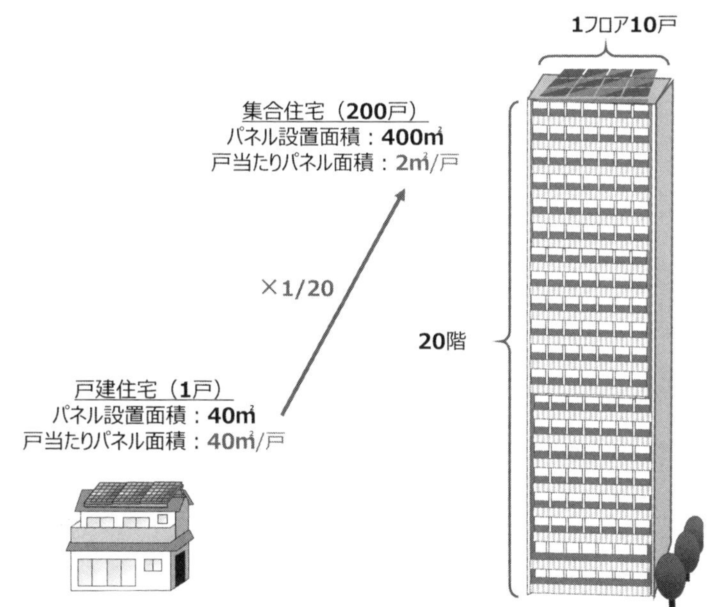

※図中の数値はイメージ
出所：三菱総合研究所作成

(2) なぜ都市では再生可能エネルギーの地産地消が難しいのか

都市部で実現すべきより合理的かつ効率的な活動を促進するインフラとしては、例えば、住宅やビルなどの高さが拡大していくことが想定される。一般的には、集まって住むことは住宅でのエネルギー需要を減らすことにつながり、多くの企業が集まっていることで移動によるエネルギー需要を減らすことにつながる。もちろん、無秩序に都市開発が進むことは、景観の問題や緑地の減少などエネルギー以外の都市計画上の課題を引き起こす恐れがあるものの、コンパクトな都市を形成していくことは、エネルギーの総需要量を減らすという視点からは有益な方向性である。

では、建物の高さが高くなることとエネルギー自給率とは、どのような関係にあるのだろうか。図 3-3 に示すように、戸建住宅の屋根に太陽光パネルが設置されている場合と、20 階建て 200 戸の集合住宅の屋上に太陽光パネルが設置されているケースとでは、1戸当たりに相当するパネルの敷設面積が単純に考えると 20 分の 1 になる。戸建住宅よりも集合住宅のほうがエネルギー需要は小さくなるものの、20 分の 1 まで減少することは考えられないため、結果として電力の自給率は減少することになる。

住宅以外の建物であっても同様であり、基本的に建築面積に対する高さ

図 3-4　都市と地方における電力システムの違い

都市

作ることができる電気の量が小さく、
必要な電気の量が大きい
⇒系統からの電力も必要

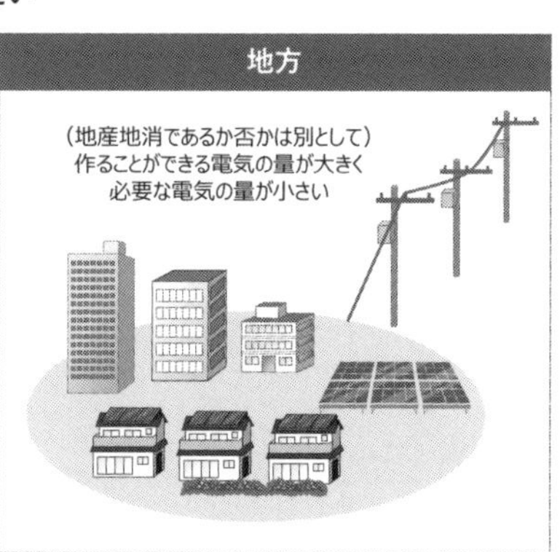

出所：三菱総合研究所作成

が高いほど、オンサイトでの太陽光発電で賄うことができる電力需要の比率は減少していくことになる。図 3-4 に示すように、この建物の高さと自給率の関係は、都市部以外の地方であっても同様ではあるが、より密度が高く、高い建物の多い都市部においては、建物以外の敷地に発電設備を設置することは困難であるため、都市全体としての電力自給率が低くなる。

(3) 都市における未来のエネルギー需給構造

改めて冒頭の問いに戻って考えてみよう。未来の都市で消費される電気はどこから来るのだろうか。

結論としては、今と大きく変わることはなく、多くの建物では、系統から電気の供給を受けることになるだろう。日本におけるグローバルな経済活動の中心であり、成長を牽引する都市部においては、そこで暮らし、働き、訪れる人々の多様性に合わせた、さまざまな機能を持つ建物や施設が密集して存在することで、イノベーションを誘発し、さらなる経済成長につながっていく。エネルギーが人間のあらゆる活動の根幹である点では、現在も将来も変わりはないが、エネルギーを「創る」のではなく「利用する」ことで高付加価値な商品やサービスを生み出すことが都市の担うべき役割とも考えられよう。日本の国土利用の最適化を考えるうえでは、都市機能の中で「エネルギー」というコモディティと言える商品を作る機能を無理やり持たせることは効率的ではない。

一方で、都市での必要量の多くを賄うことができるほどの電力を、都市の内部で発電することは物理的に困難であるとしても、都市における電力需要を減らすこと、コントロールすることは重要である。仮に電源の 100%が再生可能エネルギーとなっている世界が実現した場合には、どれだけ電気を使っても CO_2 排出量はゼロとなるが、太陽光や風力といった変動する電源をうまく活用していくためには、蓄電池の活用なども含め電力需要をコントロールする機能を都市側に備えていくことが必要である。

都市で消費される電気の多くは系統電力である。そう聞くと、「なんだ、今と変わらないのか」という感想を持たれる方もいるだろう。確かに、都市の電力需要を賄うためには外部から供給を受けることが必要であるという点では、2050年も大きく変化することはないと考えられる。都市におけるエネルギー需給構造の在り方としては、災害などの非常時に備えた必要最低限の創エネルギー機能を確保しつつ、都市外部からの供給を受けるほうが合理的であると言える。もちろん、系統に頼っているからといって都市の脱炭素化が進まないということにはならない。むしろ、日本全体としての再生可能エネルギー由来電源の比率が向上し、系統電力そのものの脱炭素化が進んだ世界においては、地産地消だけにこだわることなく都市を脱炭素化していくことは十分に可能となるだろう。

3.2 未来の農業一芸地域とエネルギー

3.2.1 未来の農業一芸地域とは

3.1では、未来の都市について述べたが、未来の地方は、どうなっているだろう。三菱総合研究所が2019年10月に発表した「未来社会構想2050」では、地方での人口減少は避けがたいものの、何かしら特徴的な産業を確立したいわば「一芸」を持つ地域は存在感を発揮するとされている。本項目では、農業を「一芸」として持つ地域について述べる。

2050年の農業地域の姿を考えてみたい。農業地域の将来を考える場合、都市の未来を描く場合ほどにフリーハンドの検討余地があるわけではない。なぜなら、日本の農業・農村がかかえる担い手の不足や高齢化、農業所得の低下という課題が深刻であり、その克服なしには未来が描けないからである。

2050年には、山間農業地域の人口は2010年に比べて3分の1に減少し、高齢化率は約50%、平地農業地域の人口も約4割が減少し、高齢化率は40%を超えると予測されている（農林水産政策研究所、平成26年）[18]。また、

図 3-5　未来の農業地域とエネルギー

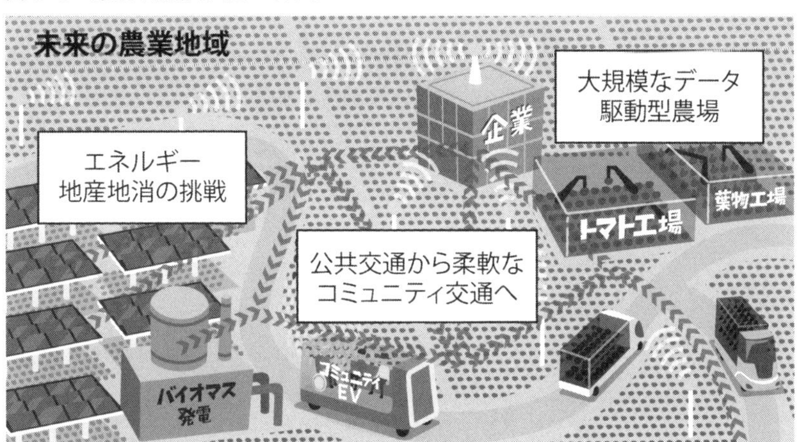

出所：三菱総合研究所作成

今後、日本全体の人口や生産年齢人口が減少することから、農業分野で人材を確保していくことはたやすいことではない。

農業の担い手は確実に減少する。しかし、現状でも低い食料自給率（カロリーベースで平成 30 年度 33%）[19]を、これ以上下げることは食料安全保障上避けたい。そうしたなかで、2050 年における農業生産能力を現状レベルの維持、もしくはそれ以上を達成しようとすれば、農業自体の生産性を飛躍的に上げていかなければならないのである。そのためには、AI や IoT、ビッグデータなどの活用による生産の自動化、企業的経営や大規模化など、資本集約的な産業へと転換していくことが求められる。

こうした未来イメージは、第 4 次産業革命や政府が提唱する Society5.0 を前提とした農業地域である。その実現に向けて農林水産省では、2013 年よりスマート農業の実現に向けた研究会を立ち上げるなどさまざまな取り組みを進めている。また、一般社団法人日本経済団体連合会（経団連）は、Society5.0 が拓く未来の農業として、データ駆動型の農業を実現することで、「農業 先端・成長産業化の未来－ Society 5.0 の実現に向けた施策－」

を提唱している。[20] ここではまず、こうした未来の農業の姿を整理してみよう。

(1) データ駆動型農業

未来の農業を支える革新的な技術の核は、ICT やロボット技術であり、特に IoT や AI などを活用して、栽培環境や農作業を最適に自動制御するデータ駆動型生産システムである（図 3-6）。従来型の露地栽培の制御を高度化するものから植物工場まで、さまざまなレベル感のデータ駆動型農業が提案されている。

先述のとおり、既に農林水産省では、こうした農業生産をスマート農業という考え方で必要な技術開発や実証を進めている。また、こうしたデータ駆動型生産システムを、農産物の生産から食品加工、流通、販売、消費者までに至るフードバリューチェーンと連結することで、無駄のない効率的かつ信頼度の高い生産・流通を実現することができる。経団連では、こ

図 3-6　データ駆動型農業生産システムのイメージ

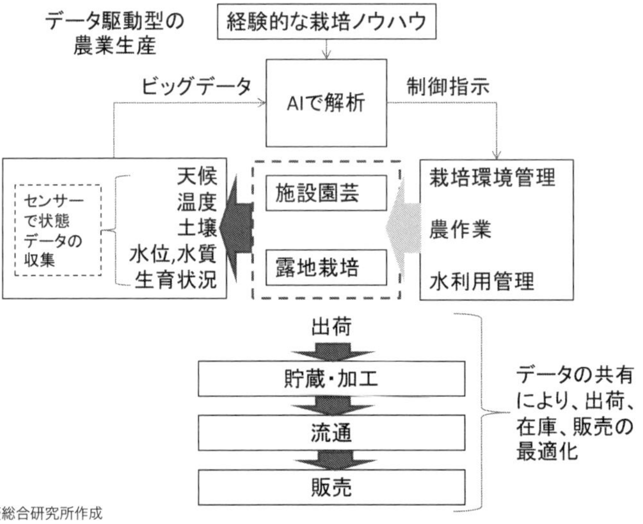

出所：三菱総合研究所作成

の点を強調し、データ駆動型の農業生産だけでなく、いわゆる食農バリューチェーンがデータ駆動型となることで、農業自体も付加価値の高い成長産業となる可能性を提唱している。以上のような取り組みによって、企業的経営によるフードバリューチェーン型の食農ビジネスが活発になり、結果的にフードロスの少ない、消費者にも信頼の高い食農バリューチェーンが形成される。

データ駆動型の農業生産を進める地域には、穀類や野菜、果樹、花卉などさまざまな生産物を扱う産地や少ない品種や単品に特化する産地も存在する。現在は、条件の不利な中山間地での生産も存在するが、企業経営的な農業生産の普及によって、大都市圏内か、その近郊で大規模な農地が確保できる立地へのシフトが進むことが予想される。大都市圏近郊へ立地した場合には、食品加工や流通、販売などの機能も集積した食農コンビナートのような形態も誕生するであろう。

(2) プロシューマー型農業・交流型農業

ところで、データ駆動型の大規模な産地が、農業を生産性の高い産業として牽引することで、小規模な農業や条件の不利な中山間地での生産は完全に消滅していくのだろうか。答えは「ある程度淘汰されつつも、消えない」と考える。

企業経営的な生産という点では、小規模あるいは中山間地での生産は淘汰されていくであろう。しかし、農業・農村は、食料生産という機能だけではなく、地域の文化や景観、自然環境を維持する機能も果たしている。こうした点から、地域や国民の合意を得ながら政策的に保全していく取り組みも必要だ。

また、政策的な取り組みだけでなく、農を取り入れたライフスタイルを志向する都市住民などによって、都市住民自身によるプロシューマー的な農業や、都市住民と中山間農村との交流が支える交流型農業も生まれる（図3-7）。例えば、都市住民によるプロシューマー的な農業は、都市近郊の農

図 3-7　データ駆動型農業生産の立地

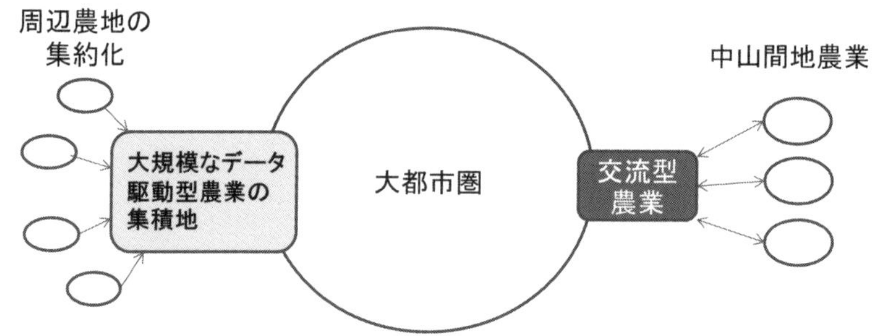

出所：三菱総合研究所作成

地で市民農園として、あるいは個人の土地で自家消費用の生産を行っている。交流型農業は、中山間農村と都市住民グループとの間で農産物の購入についてサブスクリプション型の契約や、生産プロジェクトに関するクラウドファンディングのような資金提供システムを構築し、中山間地での農業生産コストを都市住民が支えていく形で取り組まれているだろう。

3.2.2 持続可能なデータ駆動型農業を支える電化

未来の農業地域として、企業経営による大規模なデータ駆動型農業と、小規模で食料生産以外の付加価値を持つプロシューマー型農業・交流型農業の2つの姿を示した。このうち、データ駆動型農業について、エネルギー利用の在り方を考えていきたい。

2050年に向けて、農業分野においても脱炭素化を目指していく必要がある。現状では、農業・林業におけるエネルギー消費の94%を石油系燃料が占める。そのなかでもA重油が最も多く、全体の約50%を占める。その他の主な石油系燃料は、ガソリン、灯油、軽油であり、それぞれ全体の16%、12%、16%である。[21] また、電力は全体の5.7%となっている。

石油系燃料の主な用途は、A重油は施設園芸の温度管理、灯油は穀物の乾燥機、軽油は農業機械、ガソリンはトラックである。このうち、使用量が大きいのは、施設園芸の温度管理や農業機械、トラックなどだ。

データ駆動型の生産システムが普及していくことで、これらの施設や機械は、データ駆動型の生産制御システムの要素として増加していく。つまり、現状で石油系燃料の使用量が大きい施設や機械が増加していくのである。したがって、対策を講じなければエネルギー消費は増加、温室効果ガスは増大してしまう。それを抑え、生産システムの脱炭素化を進めるためには、施設や機械をネットワーク化してデータ駆動として効率を圧倒的に向上させるだけでなく、個々の施設や機械の電化が必要である。そして、その電気は、できる限り再生可能エネルギーにより発電されたものを調達すべきである。

以上の視点から、データ駆動型の農業生産システムの主な要素となる施設や機械について、電化によるエネルギー利用の姿を示してみよう。

(1) 農業生産設備の電化

データ駆動型農業は、当面は施設栽培から導入が進み、次第に露地栽培でも取り組まれるようになる。施設栽培では、閉鎖環境をつくることで、露地栽培よりも制御性の高いデータ駆動型農業を実現することができるため、先行して技術導入が進むだろう。施設内に設置したさまざまなセンサーによって、施設内の微気象や土壌、水利用状況、液肥、作物の生育状況をモニタリングし、得られた膨大なデータをAIなどで解析することで、適切な環境制御をタイムリーに行うことができ、結果的に最適な栽培管理が実現する。また、品種改良やバイオ技術の導入などとデータ駆動型生産が連携することで、付加価値の高い農産品の開発も可能となる。

施設内の温度調整は、従来はA重油を燃料としたボイラーによるものであったが、脱炭素化に向けて電動のヒートポンプが普及していくことが期待される。林業が盛んな地域では、木質バイオマスボイラーの導入も進む。ヒートポンプは、冷房や暖房、除湿機能を有し、外気温が極端に低い場合にのみ、油焚きの温風設備との併用が行われる。

給水については、AIなどによるデータ解析により、水位調整のための揚水ポンプの稼働や給水弁の開閉などの指示がネットワーク基地局経由で各設備に送られる。各設備は、無線通信機能を有しており、ネットワーク基地局からの通信データを受けることで、タイムリーな水位調整作業が自動で行われることが期待される。

また、施設内のセンサーや照明、その他の駆動システムすべての動力源も電力が主となる。施設内の環境制御システムは、常時途切れることなく稼働させる必要があるため、電力系統からの電気の供給に障害が生じた場合でも対応できるように、自家発電機能が必要となる。自家発電機能としては、燃料電池のほか、天然ガスやガソリンを燃料としたエンジン式の発電設備が候補となる。燃料電池は、天然ガスを燃料とするものや水素を直接燃料とするものなどがあり、発電した電力の利用とともに、発電に伴って排出される熱を給湯や暖房に利用することができる。

以上のような、施設全体の省エネの向上やエネルギーセキュリティーの確保、BCP対応については、農業事業者自身がすべて自分で管理するとは考えにくい。ついては、こうした持続可能なデータ駆動型農業を実現するための農業専門エネルギーマネジメントサービス市場が誕生することが期待される。

(2) 農産物加工・流通設備の電化

出荷された農作物や加工品は、鮮度の維持された状態で消費者に届けるため、定温倉庫で貯蔵管理され、定温輸送が行われる。こうした農作物の貯蔵倉庫や、農業地域内に立地する農産物加工場も、データ駆動型の生産管理システムにより自動化が進んでいくだろう。

工場内のあらゆる生産プロセスで状態を把握するためのセンサーネットワークが装備され、収集したデータの解析によって、最適な制御が行われる。農産加工品の中でも、粉末や液体の大量生産品は自動化に適している。

また、発酵プロセスを必要とする場合にも、伝統として継承されたきめ細かな発酵環境の制御を AI などで再現し、自動化することが可能である。また、加工工場では、ヒートポンプを導入して廃熱の有効活用を行い、省エネ型の操業を行っている。

こうした農産物の加工・流通プロセスについても、生産設備同様、常時稼働を維持するための自家発電機能が期待される。農業生産設備を合わせて、自家発電設備を備えたオペレーションセンターを設置することが理想と考えられる。

(3) 農業用モビリティの電化

労働生産性の向上に資する技術として、農業機械の自動運転化の取り組みが進められている。耕作を行うトラクター、田植えを行う田植え機、収穫を行うコンバインなどの機械に全地球測位システム（GPS）と AI による自動制御システムを搭載し、完全無人で農作業を自動化することが可能となる。

自動化された農業機械は、データ通信によって遠隔操作が可能であり、耕作地や農作物の状況に関するデータを踏まえてタイムリーに稼働することができる。耕作地や作物の生育状況について、農地に設置されたさまざまなセンサーが取得するデータやドローンによる農地の撮影画像データなどを解析することで、常時の水量や肥料投入の調整、タイムリーな耕作作業、病害虫管理が実施される。耕作地や作物のセンサーデータ取得や農業機械の自動制御は、すべてクラウドでのデータ収集と処理を通じて行われる。

現在、トラクターなどの農業機械は軽油を燃料としているが、自動制御システムの搭載を前提とすると、脱炭素化に資する電化への期待も高まる。実際、トラクターなどの農業機械を EV 化する開発も試みられており、現状では、バッテリー容量の制約から、継続的な作業時間が短いという課題がある。2050 年時点では、技術的にこの課題も克服されていると期待したい。

また、これら農業機械にも2.2.3で述べたMaaSの波がやってくるだろう。農業事業者自身が複雑な制御システムを内蔵する農業機械を所有し、メンテナンスするのは難題だ。農業事業者は、農業機械をリース事業者からリースし、リース事業者のサービスの一環として、農業機械への充電やバッテリーのメンテナンス、交換といったサービスの供給を受けることが想定される。

さらに、こうしたサービスは、電化した農業機械のみならず、農業地域の住民が移動するためのEVにも展開されるかもしれない。例えば、産地内では、スマートフォンからの通信で、オンデマンドで小型EVバスを呼んで移動することができる。すべてのバスは、データセンターから通信で監視と自動制御が行われ、農業機械同様適時のメンテナンスが行われている。EV小型バスは、産地内の充電スタンドで充電を行い、運行後に残った電力は可搬式の給電装置に送り、生産現場の電動の農機具や栽培施設での電力として活用するなど、農業機械とEVのエネルギー融通も考えられる。

COLUMN

次世代施設園芸拠点
愛知県豊橋次世代施設園芸推進コンソーシアム

農林水産省は、ICTを活用した高度な環境制御技術による生産と、生産から調製・出荷までを一気通貫して行う次世代施設園芸拠点の整備支援を全国10カ所で行っている。以下は愛知県豊橋市の例である。品目はミニトマト、面積3.6ha、収量目標726tであり、温室や種苗生産施設、集荷施設、エネルギー供給施設などを備えている。エネルギーは、下水処理場からの放流水の熱エネルギーを利用している。地域の農業生産企業、農協（JA）、大学、自治体などがコンソーシアムメンバーとなり、技術の実証や改良に取り組んでいる。また、研修の開催を通じて、拠点での成果の普及を進めている。

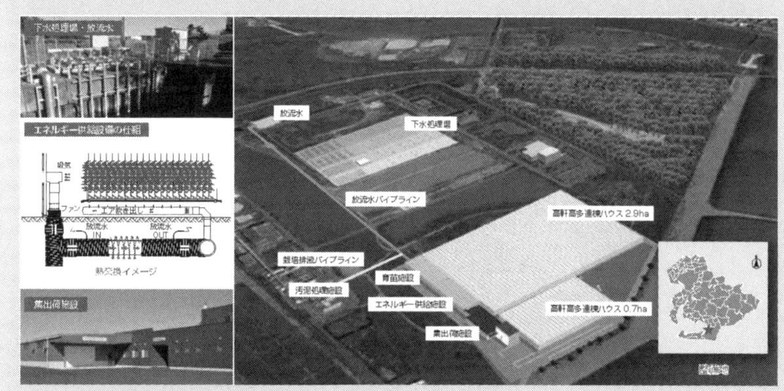

出所：農林水産省ウェブサイト
https://www.maff.go.jp/j/seisan/ryutu/engei/saitai2/meguji.pdf

3.2.3 エネルギーの地産地消への挑戦

データ駆動型の農業生産においては、電化によって脱炭素化を図る必要がある。では、脱炭素を実現できる電気はどのように調達すればよいのか。

もちろん系統から電力を得ることはできる。しかし、農業生産が電化した姿で見たように、農産物の生産は、系統からの電力供給になんらかの障害が生じた場合にも、さまざまな制御システムが継続的に稼働している必要がある。農業の相手は植物であり、エネルギー途絶は、生育に致命的な打撃を与えるリスクがあるのだ。こうした事態にどのように対応すべきなのか。以上のような課題の解決策として、ここでは、農業におけるエネルギーの地産地消の可能性を取り上げたい。

(1) 脱炭素に資する電気の調達

脱炭素に資する電気は、どこから調達すればよいだろうか。小売電気事業者のなかで、環境価値の高い電力の調達割合が高い電気事業者から供給を受けるという方法もあるが、農業地域自体がエネルギーの地産地消に取り組むことも考えられる。

昨今、農地に支柱を立てて太陽光発電設備を設置し、農業と発電とを同時に行う営農型発電設備、「ソーラーシェアリング」が注目されている。太陽光発電と農地とで太陽光エネルギーをシェアするという考え方だ。農林水産省が2013年にソーラーシェアリングを規制の厳しい農地転用ではなく、一時転用と認めたことで農家の新規事業形態として期待されている。また、農業地域での再生可能エネルギー資源としては、バイオマスも挙げられる。農業地域の特性にもよるが、家畜ふん尿や食品加工残渣などを用いたバイオガス化、間伐材や稲わらなどを用いたバイオマス発電などの可能性がある。いずれも、一定規模のバイオマスが定常的に確保できることが事業性確保の鍵となる。

また、3.2.2（3）に示したように、農業地域には電化された農業機械やコミュニティ交通が稼働している可能性がある。これらの電化されたモビリティは、地域内で『動く電池』として機能することも可能であり、地域内の再生可能エネルギー由来電力を充電し、域内での電力消費地に運ぶことも考えられよう。

必ずしも完全な地産地消で閉じるのではなく、他の農業地域での再生可能エネルギー発電事業や、再生可能エネルギー発電事業に特化したエネルギー供給地域との取引で調達することも可能であろう。地域の再生可能エネルギー賦存状況を把握し、安定的に必要量が確保できる見込みがある場合には域内開発を、そうでなければ他地域との取引や系統からの購入も合わせて適切な組み合わせを検討するといった、地域特性に応じた柔軟なエネルギー供給計画の立案が求められる。

(2) 水素の役割

電化されたデータ駆動型の農業生産システムを支えるために、水素や燃料電池が重要な役割を果たす可能性もある。水素は、再生可能エネルギーを貯蔵する媒体として機能し、蓄電池に比べて週単位・月単位の貯蔵が可能であることから、災害時にエネルギー途絶を防ぐためのエネルギー貯蔵媒体としての可能性がある。また、水素は、燃料電池を介して電力供給ができるほか、燃料として熱供給にも利用できる。

水素を農業地域内で稼働するモビリティ、例えば、農業機械や定温輸送車などに活用することも考えられる。2.2 に示したとおり、FCV では、稼働中に排気ガスが出ず、農業地域に欠かせないクリアな空気の維持に貢献できる。EV よりも航続距離が長く、燃料補給時間が短いため、稼働効率が高いこともメリットになり得る。

3.3 未来の工業一芸地域とエネルギー

3.3.1 未来の工業一芸地域とは

農業地域に続き、工業を「一芸」として有する地域を取り上げる。本書では､歴史的に大規模な工場の立地やメーカーの集積などによって成立し、それらの工業（産業分類としては製造業）によって地域の主な収入を得ている都市・地域を工業地域と呼ぶ。

工業地域と一口に言っても、いくつかの種類があり、種類によって将来イメージが異なる。ものが製造されるサプライチェーンを考えると一般的には、

A　原料採掘／採取

→B　素材製造

→C　部品製造・製品組立（いわゆるモノづくり）

→D　流通・販売・消費

→E　リサイクル・処分

となっている。このうち、現在の工業地域は、主にBやCの産業の集積

により成立している。資源に乏しい日本は、Ａを海外からの輸入に頼ることが多く、また、Ｅは、Ｂの素材産業と一体化している場合が多くみられる。また、Ｄは、卸売や小売産業が中心となり、工業ではない。

国内におけるＢの素材産業による工業地域の具体例としては、鉄や石油化学製品、紙などの素材・燃料製造が集積する愛知県東海市や千葉県市原市、静岡県富士市などがあり、Ｃの部品製造・製品組立を中心とする工業地域としては、自動車などの機械製造が集積する群馬県太田市、愛知県豊田市などが挙げられる。

こうした地域は、将来、どのような姿となっているだろうか。現在、主に工業地域を形成しているＢの素材製造とＣの部品製造・製品組立の未来をそれぞれ考えてみたい。

(1) 素材産業の未来

Ｂの素材産業については、為替やエネルギーコストなどの問題で海外移転が進むリスクはあるものの、拠点の集積状況などは現在とあまり変わらない可能性が高い。

多くの場合、金属や樹脂などの素材を加工するには、一定程度の温度・圧力をかけて化学変化を促すことが必要となり、その条件は素材特有のものである。触媒の適用などで条件が緩和されることはあれど、何もかもが常温常圧で加工できるようになるとは考えにくい。加えて、一部の医療用素材などはカスタマイズ化された小ロットニーズが生じるものの、多くの素材は、後述するＣの部品製造・製品組立に供給されるべく一定規模の生産を求められる。すなわち、一定程度の温度・圧力を要するという条件は、2050年においても大きな変化はなく、素材産業は設備産業であり続け、大量生産の優位性は揺るがない。ビルの一室で商用レベルの素材を生産するイメージはなかなか実現できない。

2050年の素材産業における大きな変化としては、拠点の国内移動よりも海外流出の可能性のほうが高い。下流メーカーの国内生産撤退や素材のコモディティ化を背景に、素材工場は海外へ流出する可能性がある。一方で、海外拠点のマザープラントと位置付けられ、継続的に設備投資され存続していくというケースもあり得る。

(2) 部品製造・製品組立の未来

Ｃの部品製造・製品組立のような、いわゆるファブリケーションと呼ばれる産業の拠点は、特定の地域に集約されて大きなセットアップ工場が建設される傾向にある。こうした工場は、将来、従来型の大規模工場と、日本中に分散されていく小規模工場に二分される可能性がある。汎用品としての圧倒的な安さや、ブランド力を既に持ち得ているメーカーの大規模工場は維持されるものの、少量多品種のモノづくりを行う事業者によるビル一室程度の生産拠点が各地に散在するような未来が想像できる。

後者について、特に需要地に近い都市部にも製造・組み立て拠点ができるかもしれない。こう想定される背景にあるのは、ますます進む価値観・ニーズの多様化とニーズに応じた販売ルートを提供するプラットフォームの登場、3D プリンタなどの技術発展・普及である。現在も最先端の工場の在り方として、同一工場内でさまざまなカスタム品を柔軟に製造できるシステム（マスカスタマイゼーション）が提唱・実装されつつある。そこへ 3D プリンタなどの生産設備の技術革新が進むと、多様な主体が自由かつ素早く製品製造を行うメリットが際立ち、生産拠点自体も各地に分散する可能性がある。もちろん、さまざまな種類の共通の部品を多く使用する自動車製造などは、同一工場内でカスタマイズ生産したほうが低コストである可能性もあるが、そういった製品でも部品の流通形態の多様化や物流コストの低減によって、小規模な製造拠点でも遜色ないコストでの生産が可能になるかもしれない。

3.3.2 さらなるエネルギー利用の高度化が求められる工業地域

(1) 工業地域のエネルギー利用の現状と課題

図 3-8 に示すように、工業（産業分類としては製造業）は、2017 年度時点で国内エネルギー消費の 43％程度（電力消費の 35％、熱消費の 93％）を占め、農林水産業や鉱業、建設業も含めた産業部門のエネルギー消費のほとんどを占めている。そして、化学工業や鉄鋼業などのエネルギー多消費産業が立地する地域では、エネルギー消費の主体は工業である。

B 素材製造や C 部品・製品製造の産業は、社会において主要なエネルギー消費セクターであることから、世界的な脱炭素化の潮流下で今までの延長線上に留まらない抜本的な省エネ・脱炭素化が求められることとなる。さらに近年では､国や自治体による規制的な観点だけではなく､ESG（環境･社会･ガバナンス）投資などの視点からも脱炭素化の圧力が強まっている。

(2) 工業地域における脱炭素化に向けて

工業におけるエネルギーの需要形態は製造する製品によって異なってお

図 3-8　日本における部門別最終エネルギー消費量の比率

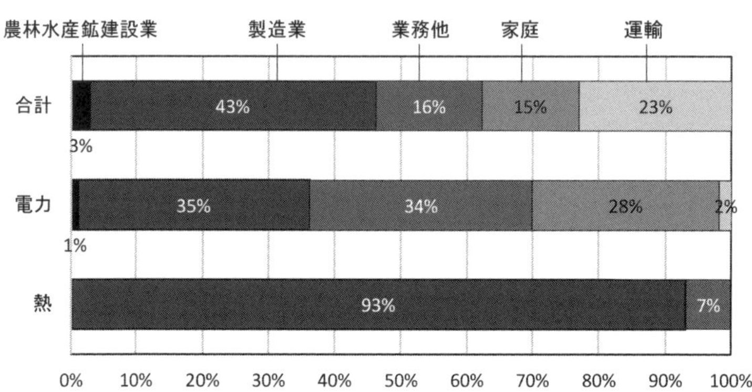

出所：資源エネルギー庁「2017 年度 総合エネルギー統計（エネルギーバランス表)」より三菱総合研究所作成

り、電力及びいろいろな温度帯の熱需要を組み合わせたさまざまなパターンがある。一口に脱炭素化といっても、その実現手段は多岐にわたる。

工業地域におけるさらなるエネルギー消費の削減及び脱炭素化の方策は、広くとらえれば以下の３点となる。

① 製造プロセスにおける徹底的な省エネ
② 低温熱需要だけでなく、技術革新による高温熱需要も含めた電化と再生可能エネルギー由来の電力の活用
③ エリア全体でのエネルギー供給システム構築

①の取り組みは、1970年代のオイルショック以降、連綿と全国の事業所で行われている。例えば、ボイラや工業炉の高効率化、モーターのインバータ化、排熱回収利用などが挙げられる。収益向上に資する取り組みであり、多くの事業所が「費用対効果の高い対策はやり尽くした」状況に近いものと推察される。

②は、省エネに資するものであれば、①に重なる部分もあるが、将来の低炭素化・脱炭素化に向けた取り組みのひとつでもある。1.1に示したとおり、供給側での再生可能エネルギー大量導入を前提として、需要側の電化は脱炭素に向けたひとつの条件だ。例えば、食料品製造業における加温や乾燥プロセスは、100℃台の比較的低温の熱需要であり、ヒートポンプ技術で供給可能である。また、現在は技術的に適用が難しい、又は非常に高コストになってしまうような高温熱需要に対しても、技術革新によってさらなる電化を進めることが必要である。

③の取り組みとしては、地域全体への一括での電熱併給や再生可能エネルギーなどの地域エネルギー資源の活用が挙げられる。既に実施されている取り組みとしては、工業団地でのコージェネレーションシステムによる電熱併給インフラ整備や、自治体も参画した工業地域への包括的な電熱併給事業がある。

図 3-9　スマートエナジー磐田株式会社による電熱・CO_2 供給事業

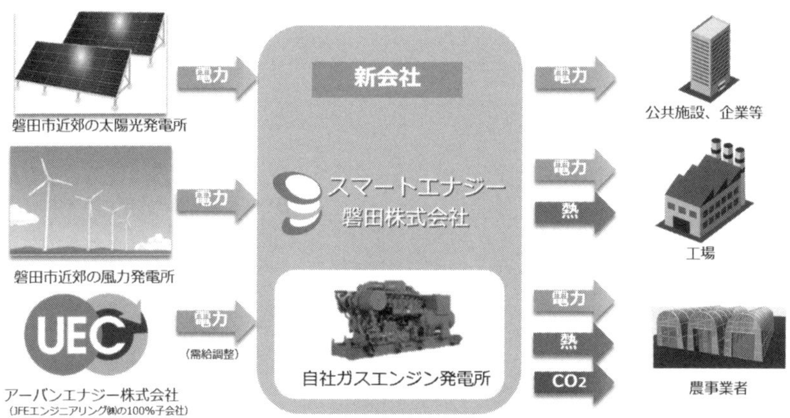

出所：スマートエナジー磐田株式会社ホームページ　http://se-iwata.jp/service.html#fh5co-about

例えば、バイクや自動車工場が立地する静岡県磐田市では、同市がプラント建設・発電事業者（JFE エンジニアリング）と組んで設立したスマートエナジー磐田株式会社が、ガスタービン発電所を建設することによって熱と電気を地域の工業団地に供給、さらに発生した CO_2 も植物工場へ供給することを予定している（図 3-9）。スマートエナジー磐田株式会社では、現在、近隣の風力・太陽光由来の電力の販売を開始しており、地域に根付いたエネルギー供給を通して産業のさらなる活性化に貢献することが期待されている。[22]

このように自治体が積極的にエネルギー供給に関わることで、地域として効率的なエネルギーの需給の形態を実現し、産業誘致・活性化に取り組むことは、将来的にも工業地域として発展するためのひとつの手段となり得るかもしれない。

3.3.3 新たな脱炭素技術メニュー普及拠点としての可能性

(1) 水素の生産・利用の先駆者としての可能性

昨今、海外水素サプライチェーンや燃料電池自動車で話題となることの多い水素であるが、水素は、従来より石油化学やガラス、金属、半導体などの一部の工業で原料もしくは副生成物として扱われてきた化学品である。例えば、肥料などに使われるアンモニアの合成用原料、ガソリンや軽油などの石油製品から硫黄化合物を取り除く脱硫工程での吹込みや、金属表面を輝かせるための添加剤などとして水素は流通してきた。また、製鉄プロセスでは、コークス炉から水素を多く含むガスが副生され、燃料として製鉄工場内で利用されてきた。つまり、エネルギーキャリアとしての注目が集まる以前より、一部の工業は、水素を取り扱っており、製鉄業や苛性ソーダ工業の集積地域などでは、水素の製造拠点としての可能性を有している。

工業地域に集積した工場群と住宅や商業施設などが連携することで、水素を核とするサプライチェーンが生み出され、地域においてより低炭素な新しい形のエネルギー利用が進む将来像も期待される。水素が工業的に利用されている地域であれば、その利用が地域全体に広がることで、水素に関わる技術・サービスに関する新しい市場が生まれる。

国内でも代表的な取り組みの例としては、神奈川県川崎市がある。川崎市には、多くの工業が立地し、化学工業用などの従来からのプラントでの水素需要に加えて、燃料電池などの水素利用製品のメーカーも存在し、市民生活分野までを含めた地域全体で水素の利活用を目指している。水素の製造・流通コストの削減のためには、より大規模な水素需要が求められており、川崎市では、そのために市内に集積する火力発電所での水素混焼の検討促進や、燃料電池車、家庭用燃料電池などの普及拡大を行うことを「川崎水素戦略」（2015年）の中で謳っている。2018年には、川崎市内臨海部の昭和電工で製造した水素を、パイプラインでホテルに供給し、燃料電池を介して電力として供給する取り組みを開始している。

また、工業プロセスにおいて発生した水素を地域で活用する実証試験は、山口県周南市などでも実施されている。周南市においては、苛性ソーダ工場で発生した水素ガスをパイプラインやトレーラーなどで実証地域へ運び、水素の小口供給に関する知見の収集や、水素を直接供給するタイプの燃料電池で公共施設へ電熱併給を行う実証試験などを行っている。

(2) カーボンフリー原料・燃料の利用

工業地域ならではの脱炭素化手法として、カーボンフリー原料及び燃料の導入があり得る。工業地域では、石油製品を燃料のみならず原料として利用しているため、これらの原料をカーボンフリー原料に代替することで脱炭素化に貢献できる。

カーボンフリー原料の例としては、バイオマスプラスチックが挙げられる。従来の石油の代わりに、トウモロコシやサトウキビなどのバイオマスを原料としてプラスチックを製造する技術で、CO_2を吸収して成長した植物などを用いることでカーボンニュートラルな素材を製造することが可能である。耐久性や価格に難点があるケースも多いが、既にカトラリーや電子機器の筐体、容器などにも使われ始めている。また、燃料利用によって排出されるCO_2を分離・回収したうえで、その炭素を活用してポリカーボネートやウレタンと言った化学品を製造する、いわゆるカーボンリサイクル技術の研究も進んでいる。

工業地域で必要とする大量の高温熱需要は、電化が難しい分野とされている。カーボンフリー燃料の例としては、再生可能エネルギー電力を用いて水素を製造するという方式がシンプルである。水素を直接燃料として利用するほか、カーボンリサイクル技術を用いてCO_2由来のメタンや液体燃料を合成することも考えられる。また、米国などでは、バイオマス由来の液体燃料、いわゆるバイオ燃料の生産・利用が積極的に進められている。

3.4 未来のエネルギー一芸地域

3.4.1 エネルギー一芸地域とは

ここまで都市以外の一芸地域として、「農業地域」と「工業地域」を紹介してきたが、最後に「エネルギー供給地域」について説明する。

そもそもエネルギー供給地域とは、どのような特徴を持った地域のことを指すのか。本書では、エネルギー供給地域を「エネルギー（電力など）を主力産業として、域外にエネルギーを商品として販売することで収益を上げるコミュニティ」と定義する。

ここでは、このエネルギー供給地域における電力に特に着目して考えてみたい。エネルギーの形態として電力のほかに、熱という形でも外部に売ることは可能である。ただし、熱は輸送時の損失が大きいため長距離移動が難しい。配管を通じて、もしくは熱媒体輸送を通じて、移動させることは可能だが、放熱による損失を考えれば極力域内近隣で利用するのが原則である。2050年には、高機能蓄熱材が誕生している可能性はあるが、電気に比べて外販向きではない点は変わらないであろう。そのため、エネルギーを外部に送ることが、より経済的だと考えられる電力をエネルギー供給地域の主力商品と考えることは妥当といえよう。

(1) 分散型エネルギー供給拠点としてのエネルギー供給地域

理想のエネルギー社会として、再生可能エネルギーの普及により、エネルギーの分散化が重視される社会を1章にて提示した。これからエネルギーの地産地消が進むとはいえ、3.1で示したとおり都市機能を維持するための電力すべてを自らの地域だけで賄うことは難しいだろう。多くの地域では、一部の電力を地域内で生産し、不足分を他地域から供給してもらう形になることが予想される。そのため、日本の各地方において、エネルギーを他地域に供給する「エネルギー供給拠点」となる地域が出現すること

図 3-10　未来のエネルギー供給地域

出所：三菱総合研究所作成

も考えられる。例えば、100万kWの風力発電設備を地域で運営できる場合、設備利用率を25%、売電単価を10円/kWhと仮定すると、年間で220億円程度の売上となる。電力市場の規模は約10兆円という非常に大きな市場であり、エネルギー供給地域は他地域に電気を売ることで、その市場のパイを獲得できることになり、大きな収益を得られる可能性もある。

(2) エネルギー供給地域の主力商品は「再生可能エネルギー」

今後、日本が再生可能エネルギー主力電源化を目指すことを考えると、将来的に各地域で生産する電力の多くは再生可能エネルギーで発電したものになることが予想される。エネルギー供給地域が、再生可能エネルギーを主力商品とすることで享受できるメリットは複数存在する。

発電のために必要な燃料はゼロ円

再生可能エネルギーで作る電力は、基本的には燃料費がゼロ円である。太陽光であれば日光、風力であれば風という「無料の燃料」を活用して発電することができる。もちろん再生可能エネルギーによる発電は限界費用（追加的に１kWh 発電しようとしたときに必要となる費用）がゼロ円/kWh とはいえ、設備の初期費用・維持管理費用は発生する。しかし、従来型の火力発電機なども初期費用や維持管理費用は発生するため、長期的にエネルギー産業を営むことを考えると、限界費用がゼロ円の再生可能エネルギーというのは、事業を営む意味で非常に大きなメリットを有している。

再生可能エネルギーの持つ環境価値による付加価値

「パリ協定に基づく成長戦略としての長期戦略」で目標が定められているとおり、我が国は、将来的に脱炭素社会を目指していく必要がある。その実現に向けて、電力の供給側に対しては、エネルギー供給構造高度化法に基づいて、小売電気事業者に再生可能エネルギー由来電力の調達を義務づけている。一方で、需要家においては RE100 に参加する企業が増えてきている。

このように、官民を挙げて脱炭素社会を目指すなかで、再生可能エネルギー由来の電力に対するニーズが高まると、由来の特定されていない電力に対する付加価値（電力の環境価値）が金銭的な価値を持つことになる。結果として、固定価格買取制度に依存しない再生可能エネルギー発電事業者は、電力そのものの価値だけではなく、＋ α の価値を収益として獲得できるのである。

再生可能エネルギー由来であることによる金銭的な価値を、電力の売り手と買い手の間でやり取りするためには、いくつかの方法が存在するが、現在の電力市場で環境価値を金銭化するには、非化石証書として「環境価値」を電力そのものの価値から分離して販売する方法、電力小売りの際に、再生可能エネルギー由来電力メニューとして通常の電気料金よりも高い価格で販売する方法がある。前述のとおり、官民を挙げた脱炭素化への取り組みの進展を考慮すると、再生可能エネルギー由来の電力に対するニーズは今後も高まっていくことが想定され、非化石価値取引市場を有効に活用していくことが必要である。

(3) エネルギー供給地域の運用主体

さて、ここまでエネルギー供給地域の特徴やメリットについて述べてきたが、実際に、その地域の運用主体は誰になるのだろうか。街づくりという観点では、自治体や地域インフラ型企業（電力会社や鉄道会社、通信会社）がそれぞれ単独で行う、もしくは両者が協力して実施していくことが考えられる。自治体が収益をより多く獲得して地域づくりをしたいならば、自治体単独で運営するのが最も望ましいが、実際運用することを考えると、電力事業のノウハウを持っている企業と協力するのが一番現実的な解決策かもしれない。

ここまで述べてきたエネルギー供給地域の先行事例として、近い形で自治体運営をしている熊本県小国町の事例を紹介したい（図 3-11）。

熊本県小国町は、熊本県最北端にある人口 7,500 人、面積：137k㎡（78％を山林が占める）の町[23]である。もともと小国町の産業は、農業・林業・観光業が主体であった。小国町の「わいた地区」は過疎化による人口減少が続き、高齢者割合が 4 割を超えている[24]。そのなかで、地域活性化の方法のひとつとして小国町では地熱発電に着目した。

もともと温泉地である小国町は地熱発電の適地であり、再生可能エネルギーのポテンシャルを持っている土地であった。2011 年に、わいた地区の住民 30 人が主導して設立した「合同会社わいた会」と、発電事業者の「中央電力ふるさと熱電」が協力することで発電事業を始めた。

地熱発電所の建設や運用は、中央電力ふるさと熱電に委託する形で実施しており、年間約 6 億円の売電収入を得ている。発電した電力は固定価格買取制度（FIT 制度）によって、小売電気事業者に売電している。FIT 制度は、半永久的に活用できる制度ではないため、FIT 制度が切れたあとに、どのように売電収入を維持・拡大していくかは今後の課題として残っていく。ただし、小国町のように小さな自治体でもエネルギーを商品と

図 3-11　小国町の地熱発電事業の全体像

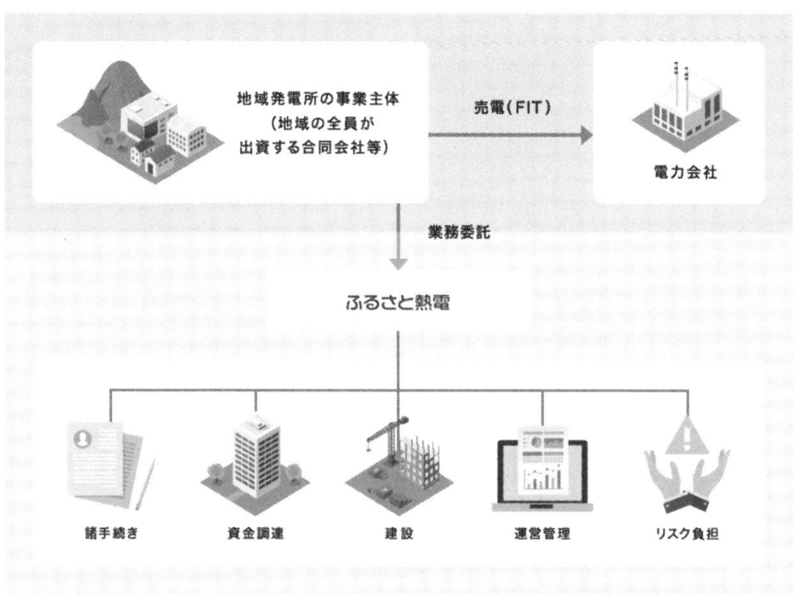

出所：中央電力ふるさと熱電株式会社
https://www.denryoku.co.jp/service/geothermal/summary.html

して産業を形成している地域は存在している。今後、エネルギー供給地域を考えるうえでもモデルケースのひとつとなる地域である。なお、小国町は、上記の取り組みなどが注目され、2018 年 6 月に日本の「SDGs（持続可能な開発目標）未来都市」に選出された（全国で 29 都市が選出)。このように小国町の取り組みは、政府からも評価されたものとなっている。

COLUMN

電力が最大の輸出産業国「ラオス」

エネルギー供給地域のように、電力を輸出して外貨を獲得する国が存在する。それはラオスである。ラオスは東南アジアにある国であり、人口は約649万人、国土面積は24万km^2である。[25] GDPとしては、日本の約1000分の3にあたる。

ラオスは、2017年に銅を抜いて電力が最大の輸出産業となった。年間総輸出額に対して約4分の1に相当[26]、主力の発電様式は水力発電である。ラオスの年間の発電量は内需に対して約3倍であり、多く発電した分を外部に輸出している。輸出相手国は、隣国であるタイやベトナムである。なぜ、ラオスが電力を主力の輸出産業としているかというと、水資源に大変恵まれており、水力発電施設の建設が盛んだからである。国内のエネルギー供給地域とは、文化や宗教的に置かれた環境は異なるが、エネルギー産業を未来にわたって生き残こるための糧として期待する姿は類似している。

日本は、ラオスと異なり隣国と陸地で接していないため、日本で生産した電力を外国に売って、外貨を獲得することは難しい。ただし、前述したとおり、日本には、大きな電力市場があり、各地域の工夫によって、地域の経済を潤すことができる可能性はある。また、エネルギー供給地域という枠組みを超えて、エネルギー自給率の低い日本において、各自治体で再生可能エネルギーによる発電を積極的に実施することは、わずかながらでも自給率の向上に資する。日本全体で効率的に運用するというまた別の課題は存在するが、日本の各地方においても、ラオスのようにエネルギーを主力製品として地域経済を支えられるような地域が今後さらに出てきてくれるのではないだろうか。

3.4.2 エネルギー供給地域を実現できる場所

3.4.1で、エネルギー供給地域の概要や事例を紹介したが、本項目では、実際にエネルギー供給地域を実現する場合の必要条件や課題について述べていきたい。

(1) エネルギー供給地域は限られた再生可能エネルギー適地で現実的

エネルギー供給地域に求められる最も重要な条件は、「計画と実績の乖離が少ない電力をより多く作る」ことである。再生可能エネルギーを用いてより多く発電するには、その地域が再生可能エネルギーの発電に適した地域であるかということが重要になる。

再生可能エネルギーを利用した発電方式は、太陽光や風力、地熱、水力、バイオマスなどが挙げられる。風力発電には適した風況(海の近くや高地)、地熱発電には火山といった地熱資源、バイオマス発電には木材など燃料供給地との近接性（山村部もしくは海岸・港湾沿い）といった適地が存在する。太陽光発電は、住宅にも設置ができるように他の発電方式に比べると立地制約は少ない。ただし、今回想定しているエネルギー供給地域は、大都市のように住宅が密集したエリアではないため、小さなリソースが数多く存在するわけではない。限られた小さなリソースをまとめて運用したとしても、大きなリソースに至らない可能性が高い。そのため、エネルギー供給地域における太陽光発電の在り方としては、メガソーラーのような大規模な設備での運用が現実的である。エネルギー供給地域でメガソーラーやウィンドファームによる電力を効率的に生産・販売するためには、地域の気象や地形に応じた発電効率の高いシステムの開発、適地の選択が求められる。

(2) 新技術の活用による再生可能エネルギー適地の拡大

エネルギー供給地域の適地は、再生可能エネルギーのポテンシャルに恵まれた地域に限定されることを述べてきた。しかし、2050 年に次世代型の再生可能エネルギー発電が普及していくなかで、「再生可能エネルギー適地」の範囲が広まっていくことが期待される。

例えば、洋上風力の活用である。洋上風力発電は、日本においても導入ポテンシャルが高い発電形式であり、2018 年 12 月に制定された海洋再生可能エネルギー発電設備の整備に係る海域の利用の促進に関する法律（再生可能エネルギー海域利用法）により、洋上風力発電のための一般海域における利用ルールが整備される見通しである。日本風力発電協会の試算によると、2050年における洋上風力発電の導入見込量（中位）は、5,000万kWと想定されており、大量の導入が期待されている。洋上風力は、設置する場所が海上になるため、陸上に十分な敷地がない都市においても導入の可能性がある。

(3) 最適立地での事業を実現するための課題

立地制約をクリアし、最適立地でのエネルギー生産が可能な場合においても、エネルギー供給地域を実現させるためにはいくつかの課題も存在する。

再生可能エネルギー導入に対する地域の理解

大規模な再生可能エネルギー設備を地域に導入する際に、地域住民から反対の声があがることは少なくない。例えば、上述した熊本県小国町の地熱発電の事例でも、実際に反対の声があがっている。地熱発電開発によって温泉の湯の濁りが発生したり、温泉が枯渇する懸念から温泉旅館を経営する人や地域住民から実際に反対を受けた。

地熱発電以外にも、再生可能エネルギー設備に対する住民の反対が生じることもあり、静岡県伊東市のメガソーラー事業がその例にあたる。伊東市八幡野地区の山林において大規模太陽光発電所が計画されていた。そのメガソーラー事業を実施するために48ha（東京ドーム10個分）の広さの林を伐採し、土を削ることが必要であった。その計画に対して、一部住民から景観が損なわれるだけでなく、土砂崩れ・土砂流失・洪水の危険が高まること、大雨の度に泥水が川に流れ込めば海を汚し、水産業・観光業も打撃を受ける可能性があることを背景に、建設の白紙撤回が求められた。住民の要望に対して、伊東市では、太陽光設備設置事業に対して市長の同意を必要とするといった条例の制定まで検討している。

このように大規模再生可能エネルギーの導入となる場合には、地域住民の理解を得ることが非常に重要になる。実際に住民の理解を得られなければ、立地の条件が良い地域であったとしても事業を実施できない場合も少なからずあり得る。地域の住民の理解を得るためには、その事業で得られる地域へのメリットや事業の懸念点を明らかにしたうえで対話を行い、事業実施ができるように事業実施主体者は努力する必要がある。

送配電網の送電可能容量の制約

最適な立地により大量に発電できたとしても、送電線の空き容量がなければ十分に電力を外部に送ることはできない。送電線には、送電可能な電力の上限値が存在する。外部に売れなかった電力は、地域内で活用するか、蓄電設備で貯めるか、需給のバランスを一致させるために発電を抑制しなければならない。それでは、エネルギー供給地域における地域外からの収入は途絶えてしまう。

現在の送電線の容量制約を超えて外部により多くの電力を売るためには、送電線の増強が必要となる。ただし、現状の日本では、送配電網に対する投資を必要最低限に抑える方向で議論が進んでおり、費用対効果の観点と工事実現性の観点から増強が適切ではないと判断された場合、増強工事が行われないことになる。このように、送配電網の投資は、社会全体で見た場合に必要とされる場所に対して投資がなされるために、エネルギー供給地域について設備増強を実現するためには、販売先（都市部）における脱炭素化に向けた貢献を含む社会的意義を十分に政策立案者・電気事業者に理解してもらうことが必要である。

3.4.3 エネルギー関連ビジネスの活発な地域へ

ここまでエネルギー供給地域のメリットや、実現するまでの要件・課題を整理してきた。これらの障壁を乗り越えて、エネルギー供給地域が実現された未来について想像してみよう。

エネルギー供給地域の主力商品は言うまでもなくエネルギーである。この地域でエネルギー産業に携わる人は、地域で生じたエネルギーをどのように活用・制御したら稼ぐことができるのかという課題に向き合う機会がより多くなるだろう。そのため、エネルギー関連ビジネスがある程度集積することでエネルギー供給地域となり、それによりさらにエネルギー関連ビジネスが活性化するという好循環を生む可能性を持っている。本項目では、エネルギー供給地域におけるビジネスの形について述べていきたい。

(1) 地域において主力となる発電ビジネス

エネルギー供給地域において主力産業となるのは、文字どおり発電ビジネスである。従来の発電ビジネスと比較したときに、エネルギー供給地域での発電ビジネスは、大企業が主体となるものではなく、地域に根付いた企業と自治体が連携した主体となる可能性が高い。

従来のエネルギー供給拠点には、大規模な火力発電所や原子力発電所が建設されてきた。そのエネルギーの運営主体は、電力会社やガス会社が一般的である。もちろん大企業による発電ビジネスによって、その地域に仕事を生み出したり、交付金を獲得したりするなど地域に便益を与えてきた。ただし、あくまで全国大の大企業が実施しており、その地域に根付いた企業というわけではなく、そこで得られた収益は、全国大で配分されることになる。

一方でエネルギー供給地域では、再生可能エネルギーが主力エネルギーとなり、その事業の主体は、地域に根付いた事業者でも実施可能となる。3.4.1 (3) でも述べたように小国町の地熱発電所は、その地域で生まれた発電事業者が主体となって実施している。地域に根付いた企業が発電ビジネスを実施することで、得られた収益が地域に還元されるようになる。実質的にさまざまな障壁があるかもしれないが、例えば、地場の建設業者がメガソーラーなどの大規模な再生可能エネルギー設備を建設・運用することで、多くの利益を得ることができれば、地場に根付いた産業が活気づき、より地域活性化に対して、エネルギー産業が貢献するようになることも考えられる。

(2) エネルギー生産に伴って生じるビジネス

エネルギー供給地域では、大量のエネルギーを生産することになる。エネルギー生産に付随して発生するビジネスとして、エネルギーマネジメント関連の仕事やデータセンターをはじめとした電力多消費産業が盛んになる可能性がある。

関連ビジネスとしては、再生可能エネルギー設備の維持管理といったメンテナンスやエネルギーの運用などが挙げられる。農業では作物の生育状況を確認する必要があるように、工場では生産ラインの機械が正確に稼働しているか確認する必要があるように、発電事業では再生可能エネルギー設備の安定した稼働を担保する必要がある。エネルギーマネジメントビジネスについては、後述の4.3を参照していただきたい。

エネルギー供給地域では、副次的な産物としてデータセンター事業などのエネルギー多消費産業も盛んになる可能性が高い。エネルギー供給地域では、多くの電力が生産される。その余剰電力を外部に売る以外の活用法として、地域にエネルギー多消費施設を誘致し、他地域よりも安く電力を売るという在り方も想定できる。あくまでも外貨を獲得する主力手段としては、エネルギーを外部に売ることであるが、その他の収入源としてデータセンターなどのエネルギー多消費産業も有効な地域産業となり得る。

(3) エネルギー供給地域ならではのBCP

エネルギー供給地域では、比較的安価に電力を得られると考えられる。ただし、地域内のエネルギー需要密度は疎であり、域内の送電線の利用率が低い場所も多くなるだろう。そこでは、送電線を通じて電力を供給するのではなく、EVや蓄電池を積んだ電動農業機械などの移動手段が、電気を運ぶ「移動可能な蓄電池」としての役割を担うことになる。EV からさまざまな需要地点（X）に電気を送る V2X という形をとることで、送電インフラを介さずに域内の電力を供給可能となる。

また、エネルギーキャリアとして水素・アンモニアなどの活用可能性もある。余剰電力を活用して、効率よく水素やアンモニアなどという形に変え、それ自体を輸送・貯蔵することができれば、電力系統の制約によらずエネルギーを外部に売り出すことができる。詳細については 4.3.4 を参照していただきたい。

上記のように系統に頼らず電気を運ぶ手段を有しておくことは、災害などによって系統がダメージを受けた場合の BCP を考えても、このエネルギー供給地域の役割と考えられる。

3.5 未来の過疎地域とエネルギー

3.5.1 電力会社が去る未来

(1) 過疎化が引き起こす問題

日本の人口は、長期的に減少していく過程になる。国立社会保障・人口問題研究所によると、2015 年時点の日本総人口は 1 億 2,709 万人だったが、今後、長期的な人口減少は続き、推計条件により差異はあるものの、中位出生推計では 2053 年に 1 億人を割り込むと推定されている[27]。

もちろん、地域別や都道府県別でみると差異があり、3.1 に示したとおり、東京を含む大都市圏は、減少に転じるとはいえ一定の人口規模を維持する。一方、北海道や東北、四国、九州の減少率が大きくなっている。3.2 ～ 3.4 に示したとおり、地方では何かしら地域外から収入を獲得できる産業を持たなければ、地域社会の維持は難しくなるだろう。

地方部を中心として、居住人口が大きく減少した過疎地域が既に問題になっているが、人口減少が続く結果、過疎地域の数はさらに増え、問題は

図 3-12　未来の過疎地域とエネルギー

出所：三菱総合研究所作成

深刻化するだろう。過疎地域では、その面積に対して居住人口や人口密度が小さいため、エネルギーや交通、郵便、医療といった生活基盤インフラサービスの維持が困難になる。0.2や0.3に示したとおり、人口の少ない地域のインフラ維持の難しさは、年々増してくる。

(2) 電力会社が電力網を維持できない時代

過疎地域で発生する電気事業の課題を議論する前に、電気事業、特にそのなかでも地域の電力ネットワーク（送配電網）を維持し、電力の安定供給に重要な責任を負うネットワーク事業（送配電事業）について説明したい。

電気事業は、我々の日常生活や経済活動に不可欠な電力を発電（生産）し、網の目状に張り巡らされた送配電ネットワークを通じて送電し、最終的に需要家に販売する事業である。かつては、東京電力のような大手電力会社が地域独占のもとで発電から送電・販売までを一貫して担っていたが、社会環境の変化などの結果、市場競争を導入することになり、電力自由化が進められた。

発電事業と販売（小売）事業は競争導入の結果、多くの新規事業者の参入や大手電力会社の地域外進出が進み、かつての地域独占が崩れている。一方、送配電事業は、規模の経済が働く業態であるため、引き続き独占が認められている。送配電分野の中立性を確保するため、2020年度には、法的分離による発送電分離が行われ、送配電事業者が発電事業や小売事業からは完全に独立することになっている。

送配電ネットワークを維持するための費用(送配電部門における人件費、設備修繕費、減価償却費、固定資産税）や、それに関連する租税公課は、託送料金といって電力を販売する小売電気事業者が支払うネットワーク利用料金（託送料金）を通じて回収される。この託送料金は、最終的には我々電力の需要家に転嫁される。

託送料金は、ネットワークの維持や増強に係る費用を、電力流通量に応じた課金で工面する。効率的に運用されるほどコストは下がり、その分、託送料金も下がる。

過疎地域では、そこに存在している送配電線の維持・管理コストに対して、人口が少ないために電力流通量が少ない。したがって、託送料金収入が十分ではなく、過疎地域における送配電インフラの収支は、場所によっては既に赤字化している可能性がある。この問題は、人口減少や過疎化の問題が拡大するに従って深刻化していく懸念がある。

送配電事業者は、どのような状況でも自身の送配電ネットワークの維持・運営を行う責務を負っている。しかし、前述したような過疎地域のネットワーク事業の赤字構造が広域化する可能性は高く、その場合、状況によっては、会社全体の収益構造を圧迫する恐れもある。

類似の課題は、例えば、鉄道分野では既に顕在化している。JR北海道は、人口減少や産業構造の転換、また代替輸送手段としての自動車交通の発展により、長期的な業績不振に陥っており、経営再建策の一環として、利用頻度の低い路線（不採算路線）の管理縮小や廃止を進めている。このような問題は、鉄道だけでなく、電力を含む生活インフラサービスでも今後発生しないとは限らない。JR北海道の場合は、鉄路が廃止されても、車やバスなどの代替交通手段の整備を議論することができるが、電力については、管理運営が廃止されてしまうと、替わりとなる電力供給の形を簡単には議論できない。

送配電事業者は、需要家に対する最終的な供給責任を負っている。どのような場所であっても、需要家からの申し込みがあれば、その需要家が住む場所に、電力を供給できる状態にする義務がある。しかし、人口減少が進み、収益性の良くない過疎地域が拡大するほど、送配電事業者の業績は低下していく可能性がある。

そこで、送配電事業者は、経営水準への悪影響を避けるために、以下のようないくつかの対応オプションを検討することになるだろう。ここでは、3つのシナリオを想定してみたい。

- **シナリオ①託送料金の値上げ**：都市部、地域部（過疎部）に関係なく、我が国での託送料金の水準を引き上げ、その結果得られる追加収入を過疎地域のネットワーク維持コストにあてるものである。日本全体で過疎地域の電力ネットワークインフラを支える形となる。このシナリオが実現するには、長期的な政策議論を通じて国民レベルでの合意形成が必要になるだろう。なお、実は、電気事業において、類似の料金形態が既に存在している。「離島ユニバーサルサービス」と呼ばれ、電力供給コストが高くなりがちな離島地域でも本土並みの料金での電力供給を可能にするため、離島向け電力供給コストと実際の電気料金の差額を、広く全国の電気料金から徴収している。ただし、本土を含めた過疎地域へ同様の手当てを行う場合、そのインパクトは離島ユニバーサルサービスよりかなり大きくなるだろう。
- **シナリオ②過疎地域の託送料金値上げ**：現在、託送料金は、電力エリア別（東京電力パワーグリッド、関西電力送配電など）の料金設計となっているが、市町村別といったさらに細かい区分がなされているわけではない。過疎地域のネットワーク運営・維持コストを賄うために、そこに住む住民向けの託送料金を引き上げる（あるいは、過疎地域の自治体向けの託送料金を設定する）ことも考えられる。過疎地域にあえて住み続ける選択をした住民が、そこへの電力供給に必要なコストを支払う構造であり、わかりやすい部分もあるが、さらなる地方の衰退や、地方切り捨てとも捉えられかねない施策であり、相当丁寧な制度議論が必要になるだろう。

- **シナリオ③送配電事業者が過疎地域をネットワーク維持管理地域から切り離す**：過疎地域のネットワーク維持管理に必要なコスト負担の議論が進まない場合、不採算地域である過疎エリアのネットワークを送配電事業者自らが廃止するシナリオも考えられる。ある種、極端なシナリオであり、送配電事業者の収支が相当悪化しない限り、遡上には乗りにくいが、既に電気事業関係者のなかでは、長期的なシナリオのひとつとして認知され出している[28]。万が一このような事態が起こる場合、過疎地域に住み続けることをあえて選択する人たちは、何らかの対処方法を考える必要性に迫られることになる。

このように、過疎地域の電力ネットワーク運営・維持については、厳しい議論が将来的に待ち構えていると予想する。言い換えると、このような地域における電力供給は安泰ではなく、さまざまな不確実性に備える必要がある。少なくともそのような議論は今からでも行われるべきである。

3.5.2 地域コミュニティ主導による電力供給網の維持

(1) 住民主導で電力供給網を維持できるか

過疎地域の電力ネットワークを維持するためには、難しい政策議論や利害調整を必要とするが、前項シナリオ①やシナリオ②で示したような託送料金制度の改定により、過疎地域の維持コスト負担を担保することが望ましい。しかし、そのような結論とはならず、シナリオ③のように電力会社が過疎エリアのネットワークを手放す時代が訪れる可能性がある。総合資源エネルギー調査会基本政策分科会の下に設置された持続可能な電力システム構築小委員会の中間取りまとめでは、主要系統から切り離された独立系統の存在を前提として、配電事業ライセンスの導入が提言されている。

電力会社が過疎エリアの電力供給網を維持しきれない時代が到来する場合、それでも住み続けたい住民は、どのような対応を講じる必要があるだろうか。住民自身で、電力ネットワークを維持する仕組みが必要となるが、どのような形態が考えられるか、そして、それが実現するための課題は何であろうか。

(2) 米国の事例：電力供給組合（EC）

住民主導による電力供給網の維持に当たっては、米国の農村地域（rural area）で長期的に存続している電力供給組合（EC：Electric Cooperative）の存在が、ひとつのヒントになるだろう。

ECは、米国の僻地部において、民間企業ではなく、地域住民が主体となって運営する電力供給組織である。自身で配電ネットワークを保有・運営し、同時に当該地域住民に対して電力供給を行っている。住民はメンバーとなって、その経営に対して発言権を持つ（いわゆる農協に運営形態が似ていると考えられる）。

起源は1930年代、米国での開拓が進むなかで、僻地部に入植・居住した住民が、民間電力会社の送配電ネットワーク延伸を待つことができず、自分自身でお手製の電力供給網を整備しだしたのが始まりと言われている。

現在、米国には、多数の民間又は公営の電力会社が存在するが、その供給範囲は、米国の国土面積の50％にも満たない。残りの50％超はECが供給している。

公表されている統計情報（表3-1）から、ECによる電力ネットワークに運営・維持、及び電力供給の様相を垣間見ることができる。

表 3-1　米国 EC の事業規模に関する統計

	民間電力会社	公営電力会社	EC
事業規模			
電力販売収入(10億ドル)	284	60	45
事業体数	200	2,000	900
供給戸数（100万戸）	107	22	19
事業体あたり供給戸数（中央値）	400,000	2,000	13,000
ネットワークの規模、ネットワークあたりの需要・収入			
配電線長シェア※(マイル)	50%	7%	42%
需要密度（戸/マイル）	34	48	7.4
収入密度（ドル/マイル）	75,000	113,000	16,000

※民間電力会社、公営電力会社、EC が持つ電力ネットワーク長の比率（米国全体で 100%）
出所：America's Electric Cooperatives: 2017 Fact Sheet より三菱総合研究所作成
https://www.electric.coop/electric-cooperative-fact-sheet/

✓国土面積の 56%、国に存在する配電線亘長の 42%は EC が担う。

✓事業体によって供給規模に大小があると考えられるが、１事業体あたりの供給戸数は平均的には約 13,000 戸。

✓ 200 m に１戸あたりの供給密度と考えられる。

最近では、EC 自身で太陽光発電などの再生可能エネルギー導入・利用を進めたり、またマイクログリッドのようなエネルギー地産地消を目指す先進的な取り組みを行う事例も出てきつつある。そのようなプロジェクトの実施に必要な資金の手当ても、EC 自身で行っているようだ。

EC という事業形態が現在成立している理由のひとつを指摘しておきたい。EC の運営には長い歴史があり、そのなかで、一定の経営ノウハウや技術力を徐々に身に付けたと考えられる。EC 自身が、配電線の最低限の設備オペレーション＆メンテナンス（O&M）ノウハウを蓄積している。また、外部の電力ネットワークとも接続しており、電力の大半が外部の電気事業者から卸購入しており、それを供給エリアの住民に販売している。また、そのような事業を成立させるノウハウを持っている。

(3) 日本版電力供給組合の可能性

電力会社が、過疎エリアの電力供給網を維持しきれない時代が到来する場合、米国と類似した事業形態を立ち上げ、住民も参加して電力ネットワークを維持する可能性を検討してみたい。仮にここでは、その事業体を「電力供給組合」と呼ぶことにする。電力供給組合の姿（図 3-13）を、以下に想定してみる。

- **出資者（参加者）**：電力供給組合に関わるのは、その地域で電力供給を受ける住民一人ひとりである。農協や生協のような形態を取り、個々人が出資金を払って組合のメンバーになり、その事業運営に発言権を持つ。また、事業体としての運営ノウハウを確保するため、電力会社の出資や、供給地域にあたる地方自治体、また、同じ地域に事業基盤を持つ農協などの参画も考えられるだろう。
- **アセット**：電力供給組合は、一般送配電事業者から、組合が受け持つエリアの電力ネットワーク（配電網）を譲り受ける。
- **事業内容**：最も重要な事業は、譲り受けた電力ネットワークの運営・維持であり、そのために要する費用を、需要家（メンバー）から徴収し、基本的に収支均衡による事業運営を行う。また、ネットワーク維持だけでなく、組合自体が需要家に対して電力小売も行う。
- **一般送配電会社ネットワークとの連系**：ここでは、既存の電力会社ネットワークから切り離されたマイクログリッドを想定していない。電力供給組合が受け持つネットワークは、もともと一般送配電事業者が持つ広大な送配電網の一部であり、組合への譲渡にあたって、そのネットワークから分離する必要はない。そうすることで、既存送配電網から電力は引き続き供給されることになるし、また、組合だけで日々刻々と変化する電力の需給を合わせなくてもよい。ただし、一般送配電事業者側のネットワークが停電した場合、組合のエネルギーリソースを活用して、しばらくの間、電力供給を維持することが求められるだろう。

- **自身で「安く」電力を作る**：米国のECのうち一部の先進的な事業体は、自身で資金調達を行って太陽光発電などの再生可能エネルギー発電所を持ち、自身の電力供給源としている。日本版電力供給組合も、地域の豊かな資源（バイオマスや太陽光など）を活用した再生可能エネルギー発電事業を行うことは可能だろう。
- **オフグリッド供給**：もちろん、既存の電力ネットワークに依存しない地産地消型のオフグリッド事業の可能性も否定しない。ただし、オフグリッドといっても、小規模でありながら電力の需給を刻々と合わせる高度なものから、ひとつの住居にソーラーパネルと蓄電池を設置し、蓄電池

図 3-13　日本版電力供給組合の体制イメージ

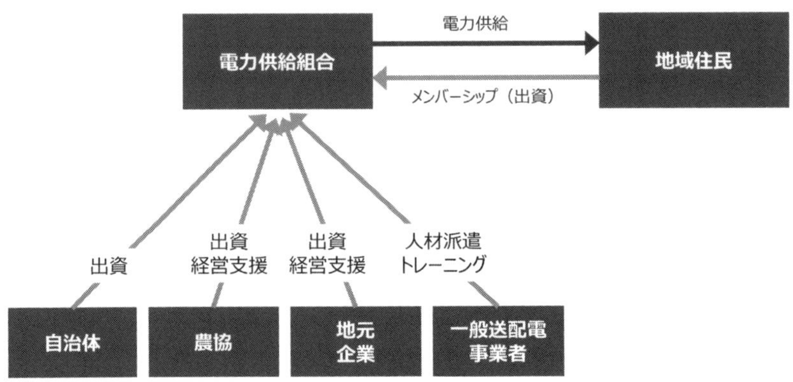

出所：三菱総合研究所作成

に充電している場合だけ電気を使えるという簡易なものまで、さまざまな事業形態が想定される。しかし、高度なシステムになるほど、小規模な事業は成立しない。オフグリッドの実現性は、慎重に見極める必要があるだろう。

このように電力供給組合の姿を描いてみたが、それが持続的に存続するためには、さまざまな課題をクリアする必要がある。主要なものを列挙したい。

まずは、一定の事業規模の確保が挙げられる。供給エリア内の住居が数百戸程度では、事業規模が極めて小さくなり、事業が成立しない可能性が高い。米国ECの平均規模が１万3,000戸であることを考えても、少なくとも数千、できれば１万戸以上の供給対象を確保する必要があるだろう。この場合、特定の集落、あるいは単一の自治体で組合を組成するのではなく、複数の集落・自治体でひとつの組合を組む、つまり広域化する必要があるだろう。

次いで、電力供給組合の経営や実務を担う人材の確保・育成が必要となる。経験のない人員だけで事業を行うのは困難であり、例えば、電力会社からの技術支援、あるいはOBの雇用などが必要になるだろう。米国ECの特徴として、長年の事業経験によって、一定の経営ノウハウやネットワークの運営・保守ノウハウが蓄積されていることが挙げられる。他方、米国以外でも、発展途上国を中心に、ECに類似した農村電化事業体が設立された例が存在するが、技術力の不足や未熟な経営ノウハウのために、ネットワークの保守不全や電気料金の未納といった問題が発生し、経営危機に陥った事例も存在する。人材の確保は、極めて重要なポイントのひとつである。

さらに、技術を活用した事業コストの低減も必要である。一定の電力供給品質を保ちつつも、いかに運用･保守コストを低減するかが重要である。他方で、日本の電力供給組合は、山間部を含む広域的なネットワークエリアを持つ可能性が高い。「無人」、「遠隔」がキーワードになると考えられる。例えば、ドローンを使った配電線の定期点検や遠隔修理、AIチャットボットによる需要家（組合員）からの問い合わせへの対応など、昨今注目されている技術を適用した事業コスト抑制が望まれているし、それは実際に十分に可能であろう。

また、電力供給組合に関する法整備も進める必要がある。一般送配電事業者に対して、電力供給品質を維持するためのさまざまな責務が規定されているのと同様に、電力供給組合に対しても、自身の地域のネットワークを適正に運営・維持するための義務を課す必要があるだろう。ただし、一般送配電事業者向けとは異なる、より緩やかな条件設定も必要になるだろう。電力供給組合は、自身のネットワークの運営・維持と、メンバー（地域住民）への電力供給（販売）を行うことを想定している。一方、現在の電気事業制度は、ひとつの事業者が送配電網の維持・運営と電力小売の両方を行うことを原則として認めていない（送配電分離）。電力ネットワークの運営で得られる情報を駆使して電力小売を行えば、他の電力小売事業者よりも優位な立場に立つ恐れがあるためである。しかし、電力供給組合の場合は、過疎地域でのネットワーク存続を可能にするため、送配電分離の原則を緩和させる必要性があるかもしれない。

電力供給組合というアイデアは、過疎地域のネットワーク維持のために提言したものであるが、決して万能なものではない。上述のとおり、組合を持続的に運営していくためには、事業運営や技術、制度に係るさまざまな課題を解決する必要がある。我が国の電力事業の有り様を含む総合的な政策議論が前もって行われる必要があるだろう。また、事業が成立するために最低限必要な規模（需要家数）が存在する。したがって、このアイデアは、極端に人口密度の少ない限界集落や、広域運営に協力する意思のない地域を救うことはできないかもしれない。

3.5.3 国民の意思が問われる過疎地域エネルギーの未来

本書では、日本の地方部での人口減少に伴う過疎化が進み、既存の電力会社（一般送配電事業者）が過疎地域の送配電ネットワークを維持できなくなる事態を想定して、そのネットワーク運営を引き継ぐ日本版電力供給組合という考え方を提示し、その概要や課題、限界を議論した。本書で提示した電力供給組合が持続的に成立するための条件は、あくまで基礎的かつ定性的なものであり、定量的な分析も含めた詳細な検討が今後必要になるだろう。また、電力供給組合が過疎地域でのエネルギー供給を支える唯一の解ではなく、冒頭で議論したように、既存の一般送配電事業者が引き続き過疎地域のネットワークを維持できるよう、それに必要なコストを国民全体で支えるような電気料金を導入するなどの方策も考えられる。

いずれにしても、エネルギーに限らず、過疎地域における生活インフラをどのように維持していくかは、既に日本の重要な課題となっており、その緊急性は徐々に高まっていくだろう。インフラ維持のために、国民全体でどのようなコスト負担を行うのか、政策議論が望まれる。

さらに重要なのは、過疎地域にこれからも住み続ける住民が、インフラについて将来像を描き、それに向かって実際に行動することである。エネルギーに限っていえば、住民自身が電力インフラの運営・マネジメントに必要なスキルを身につけてゆくことも求められるだろうし、運営を効率化していくために、新しいテクノロジーを積極的に利用する姿勢も重要だろう。また、そのような取り組みの基盤として、過疎地域間の連携、はたまた地方自治体の連携や統合といった動きも重要になるだろう。

このように、過疎地域を存続させるための住民の意思が問われつつあるのは明らかであり、国民全体として過疎地域のインフラをどう支えていくか、政府は、どのような規制をつくるべきか、民間企業はビジネスを通じてこの問題をどう解決していくか、多くのステークホルダーが向き合わざるを得ない課題になっていくだろう。

4

未来のエネルギーシステムの実現に向けて

１章で示した2050年のエネルギーシステムを、２章では生活の場面ごとに、３章では需要側の地域に応じてイメージの深化を図ってきた。この４章では、こうしたエネルギーシステムを実現するための課題と対応策を見ていきたい。2050年のエネルギーシステムは、現在の延長線上で自然と実現できるわけではない。複数の大きな課題があり、無策ではとても到達できない。具体的には、実現のための挑戦的な課題として以下の６つを取り上げ、解決のための道筋を示したい。

① 再生可能エネルギーを永続的な主力電源とすること
② エネルギー・マネジメントサービスが基盤となること
③ エネルギー貯蔵システムを確立させること
④ 既存のアセット・インフラを有効活用すること
⑤ エネルギー構造転換に向けた人材育成を進めること
⑥ エネルギー構造転換を実現するための技術開発を進めること

温室効果ガス排出量の大幅削減や、その先にある脱炭素社会を構築するためには、再生可能エネルギーが主役となって我が国のエネルギー供給を支える必要がある。

4.1 再生可能エネルギー主力電源化

ここでは、再生可能エネルギー導入の現状を俯瞰したのち、再生可能エネルギーの中でも、国が「競争電源」として位置づけている太陽光発電と風力発電に焦点を当て、その導入拡大に向けた課題と対応方策について整理する。

4.1.1 再生可能エネルギー主力電源化への道

(1) 再生可能エネルギーはどれだけ普及したか

ここでは、将来のエネルギー源として重要なピースのひとつである再生

表 4-1　一般送配電事業者が公表している再生可能エネルギーの接続状況
（2019 年 12 月末時点、単位は万 kW）

	太陽光	風力	バイオマス 1)	水力 2)	地熱
接続済	5,391	432	1,654	2,042	53
接続契約申込及び承諾済	3,275	1,655	791	41	14
接続検討申込	2,276	7,959	1,411	97	42

1) バイオマスは、バイオマス比率を考慮する前の発電設備全体の容量
2) 大規模水力を含み、揚水発電は含まない
出所：旧一般電気事業者の公表情報を基に三菱総合研究所作成

可能エネルギーの現状をおさらいしておきたい。

再生可能エネルギーは、現在は固定価格買取制度の支援によって普及拡大が進んでいる。2019 年 12 月末時点で、一般送配電事業者が管理している系統に接続された再生可能エネルギーの量（表 4-1）を見ると、太陽光発電は 5,000 万 kW を超えており、2030 年の導入目標である 6,400 万 kW に近づいてきている。さらに、接続契約申込まで加えると 8,600 万 kW を超えている。この接続契約申込については、必ずしも全量が接続されることになるとは限らないが、現時点でまだ導入される可能性の高い設備容量が豊富にあることを表している。

風力発電は、接続済みこそ 400 万 kW 強であって、2030 年の導入目標である 1,000 万 kW に対してまだ 4 割程度の導入に留まっているが、接続契約申込が別途 1,600 万 kW 以上ある。風力発電は、太陽光発電に比べて開発のリードタイムが長いため実現にまでは至っていないが、進行中のプロジェクトが多数存在していると見てよいだろう。さらに、接続検討申込という一段階手前のフェーズを見ると、実に 8,000 万 kW 近い風力発電プロジェクトが控えている。実際、接続検討申込は、事業としての成熟度がかなり低い段階と見てよく、これらが全量実現する可能性はほぼないと考えられるが、多くの事業者が風力発電事業に関心を寄せていることは明らかである。

(2) 今後期待できる電源は

固定価格買取制度の導入によって、開発のリードタイムの短い太陽光発電の導入量が大きく伸びてきたが、接続契約申込及び接続検討申込の状況を踏まえると、今後の導入という点では風力発電にシフトしていく可能性が高い。そのなかでも、陸上風力は、既に風況の良い開発適地への導入が進んでおり、今後は、洋上風力への期待が大きいと考えられる。

2019 年 7 月には、経済産業省と国土交通省から「海洋再生可能エネルギー発電設備の整備に係る海域の利用の促進に関する法律（再生可能エネルギー海域利用法）」に基づく促進区域の指定に向けて、一定の準備段階に進んでいる 11 区域、その中でも有望な 4 区域が公表された。4 区域については、地元合意などの環境整備が進捗しており、再生可能エネルギー海域利用法に基づく協議会が設置され、協議区域の利害関係者との調整が進められている。このうち、長崎県五島市沖については、2019 年 12 月 27 日付で促進区域としての指定が行われた（表 4-2）。

表 4-2　再生可能エネルギー海域利用法における促進区域の指定に向けて（2020 年 2 月時点）

既に一定の準備段階に進んでいる 11 区域	協議会の組織などの準備を 直ちに開始する有望な 4 区域
青森県沖日本海（北側） 青森県沖日本海（南側） 青森県陸奥湾 秋田県八峰町及び能代市沖 秋田県能代市、三種町及び男鹿市沖 秋田県潟上市沖 秋田県由利本荘市沖（北側・南側） 新潟県村上市・胎内市沖 千葉県銚子市沖 長崎県西海市江島沖 長崎県五島市沖	秋田県能代市、三種町及び男鹿市沖 秋田県由利本荘市沖（北側・南側） 千葉県銚子市沖 長崎県五島市沖（促進区域に指定済）

出所：経済産業省ニュースリリース「再生可能エネルギー海域利用法における今後の促進区域の指定に向けて有望な区域等を整理しました」などより三菱総合研究所作成
https://www.meti.go.jp/press/2019/07/20190730001/20190730001.html、

日本は、国土面積や風況などの自然条件が欧州ほどには恵まれておらず、特に風力発電については、条件の違いが大きいと言われてきたが、開発を検討している事業者は多数あり、国も洋上風力の開発に向けて検討を進めている。中長期的に期待できる再生可能エネルギーは風力発電、とりわけ洋上風力であると言っておこう。もちろん、現時点では、実証段階にある発電方式、例えば、波力発電や潮流発電なども技術のブレークスルーによっては、有望な再生可能エネルギーとなる可能性を秘めているだろう。

4.1.2 太陽光発電の大量導入に向けて

4.1.1 で触れたとおり、固定価格買取制度のもとで太陽光発電の導入量は飛躍的に伸びている。制度導入前の時点では約 560 万 kW であったが、2019 年 12 月末時点では 5,391 万 kW に達しており、2030 年の目標値である 6,400 万 kW の達成は十分に可能と言ってよいだろう。

ただし、なかには山林を切り開いて太陽光発電を設置した事例もあり、さらに導入量を増やすためには、適切な場所への設置を促していく必要が

図 4-1　DIC 株式会社・鹿島工場の太陽光発電設備

出所：DIC 株式会社プレスリリース「DIC　1.5MW の自家消費用『太陽光発電設備』を５事業所に設置」（2019 年４月）https://www.dic-global.com/ja/news/2019/csr/20190411000000.html

あるだろう。環境省の報告書[29]によると、住宅の屋根以外に設置する際に望ましい場所として、①建物の屋根面への設置、②ため池などの水上への設置、③営農している農地への設置（いわゆるソーラーシェアリング）を提示している。

建物の屋根面は、既に固定価格買取制度のもとで導入が進んでいるが、ポテンシャルが十分に活用されているとは言い難く、まだまだ導入余地は多く残されているだろう。さらに、今後は固定価格買取制度に依存しない、いわゆる自家消費型での屋根面や遊休地への設置や需要家との直接契約方式が期待される。例えば、図 4-1 に示す DIC 株式会社では、2019 年４月時点で国内の５事業所に自家消費用太陽光発電を導入している。このうち茨城県神栖市の鹿島工場では遊休地を活用し、モジュールベースで 1.6MW（パワーコンディショナー出力 1.5MW）という国内最大規模の自家消費用の太陽光発電を 2018 年１月に設置している。

また、自家消費型や需要家との直接契約方式の場合、太陽光発電の持つ環境価値を需要家自らが手にすることになる。現在、企業は、気候変動への対応として、自らの温室効果ガス排出量の削減を強く求められており、その流れをいち早く捉えて、将来的には事業活動に必要な電力をすべて再生可能エネルギーで賄う RE100 に参画する企業も増えてきている。こうした企業にとっては、自家消費型の太陽光発電の設置や直接契約方式は削減目標の達成に向けた有効な手段のひとつと言えるだろう。

水上については、通常利活用されていない場合であれば、土地の造成を行うことなく設置することが可能である。特にため池については、近年、経済的な観点などから維持管理が難しくなってきている場合があり、設置者が水面の利用料を支払いつつ発電を行うことで、ため池管理者と発電事業者の双方にとってメリットをもたらす事例が出ている。ただし、2019 年９月の台風 15 号の影響で火災事故が起きてしまったケースもあり、十分な安全性を確保することが必要である。また、水中を含む周辺の生態系への影響を懸念する声もあり、設置後も長期的にデータを取得し、生態系への影響の有無を検証する必要もあるだろう。

営農型の太陽光発電については、2018年5月に農林水産省が農地転用許可の期間を見直し、従来は一律に3年以内としていたところ、一定の条件を満たす場合に10年以内としたことで、今後の導入拡大が期待されている。

ソーラーシェアリングの場合、太陽光パネルの下では引き続き農作物を生産し続けるものであり、設置者にとっては、パネル設置による農作物の収量への影響が懸念される。農地転用許可の条件としても、パネルを設置していない平均的な収量と比べ、2割以上の減収とならないことが求められている。

農林水産省は、営農型太陽光発電の優良事例を公表するなどによって農家の所得向上につながる営農型設置の促進に力を入れているが、今後さらに営農型設置に適した作物の種類や収量に与える影響について情報開示を進めることを期待したい。発電事業ありきではなく、あくまでも主役は農業であり、持続可能な農業のための農業経営の改善という観点から営農型設置が求められている。

ここで取り上げた自家消費型、水上設置型、営農設置型は、いずれも土地の造成を必要としないことから、自然環境への影響が比較的少なく、イニシャルコストの抑制にもつながる導入形態として期待されるものだが、これらへの設置のみで太陽光発電のさらなる大量導入が達成できるものではない。例えば、耕作放棄地の活用も考えられるが、農業政策の観点からは、農地としての復帰が望ましいとされ、国土の狭い我が国においてどういった土地で太陽光発電を増やすべきか、時間をかけて議論していく必要があるだろう。

4.1.3 風力発電の大量導入に向けて

4.1.1で触れたとおり、現在接続契約申込及び接続検討申込の合計量が

9,600万kW以上と最も多いのが風力発電であり、再生可能エネルギーのさらなる導入拡大を牽引するのは風力発電と言ってよいだろう。

このように、将来性が期待される風力発電であるが、国が掲げている目標は依然2030年の1,000万kWであり、市場の期待値に比べて目標水準が寂しいと言わざるを得ない。また、海外市場に比べた日本市場の立ち上がりの遅れなどが影響し、国内メーカーは相次いで風力発電市場から撤退してしまっている。太陽光発電の場合、市場の拡大とともに海外産の太陽光パネルが普及してきたが、風力発電の場合は立ち上がりの時点で既に国産の風車の導入が期待できない状況になってしまっている。

また、国内メーカーの不足だけではなく、メンテナンス人材も不足している状況にあり、今後の健全な運用のためには、メンテナンス人材の育成・増員が不可欠である。海外メーカーの風車を調達する場合、メーカーが稼働率保証を付けようとすることが多く、プロジェクトファイナンス上のリスヘッジにつながることから、事業資金を貸し出す金融機関も稼働率保証を求める傾向にある。一方で、結果的に稼働率保証が付いた場合、風車のメンテナンスは、メーカー系の保守管理会社しか実施することが許されなくなり、国内のメンテナンス人材の育成が難しくなってしまう。

このように、風力発電の市場自体は期待が持てるものの、国内産業としてとらえると厳しい状況に置かれてしまっている。こうした状況に対して、一般社団法人日本風力発電協会は、「風力発電の主力電源化に向けた提案」（2019年5月30日）の中で、「風力発電の大量導入に向けた長期導入目標の設定」が必要であると述べている。具体的には、2030年の国の目標が1,000万kWであるのに対し、協会としては3,620万kWの目標を掲げており、これと遜色ないレベルへの目標値の見直しを国に求めている。

また、提案の中では参考として、英国の洋上風力の方針「Offshore Wind: Sector Deal」を取り上げているが、同方針では、2030年までに洋上風力3,000万kWとする導入目標の合意内容の主要ポイントとして、以下の5点を挙げている。

①今後の洋上風力の入札における予見性確保のため、政府は、最大5.57億ポンドの支援（Contract for Difference契約）を行う。
②洋上風力発電の英国調達比率を産業界は2030年までに、60％に引き上げる。
③洋上風力発電の直接雇用が現在7,200人であるところ、2030年には２万7,000人に増やす。
洋上風力発電で働く女性比率を2030年までに、３分の１以上に増やす。
④洋上風力発電関連の輸出を2030年までに５倍に増やす（年間26億ポンド）。
⑤強固なサプライチェーンを構築し、生産性向上と競争力を強化するために、産業界はOffshore Wind Growth Partnershipを設立し、最大2.5億ポンドを投資する。

我が国では、固定価格買取制度による支援が行われているが、将来にわたっての支援額の目安や、国内の産業政策の観点からの目標は皆無と言ってよい。協会は主力電源化に向けた施策案として、「グランドデザイン（官民が一体となった中長期戦略）の策定」、「系統整備のマスタープランの策定」、「我が国独自の風力サプライチェーン構築」が必要としている。

このように、風力発電は、脱炭素社会の構築に向けて導入拡大が不可欠な電源である一方、将来目指すべき方向性、特に産業政策の観点から風力発電を捉えるという視点が我が国では乏しいのが現状である。この現状を変えていくためには、協会が主張するように官民が一体となって将来ビジョンを共有し、官にあっては市場拡大に向けた確固たる意思を民に示して市場を牽引し、民にあっては競争環境の中でコストダウンを図りながら国際競争力を高めていくことが望ましい。

4.1.4 再生可能エネルギー発電とエネルギー貯蔵

太陽光発電や風力発電が大量に導入されると、「時間的な偏り」、「空間的な偏り」、「長期的な途絶に対する備蓄」が課題となってくる。

太陽光発電は、昼間しか発電することができず、それ単独では、夜間の電力需要に対して無力である。風力発電は、風さえ吹けば夜間でも発電可能であるが、その出力は、風況に依存するため必要なときに必要なだけのエネルギーを取り出すことはかなわない。また、風力発電の場合、発電に適した風況の良いエリアは、北海道・東北を中心とする北日本に偏っている。一方で、電力の需要量は、東京・中部・関西エリアに偏っており、特に北海道においては、豊富な風力発電のポテンシャル量がありつつも電力需要が相対的に小さい。仮にポテンシャルが豊富な北海道エリアに大量に

図 4-2　時間的な偏り・空間的な偏りを考慮した需給のマッチングイメージ

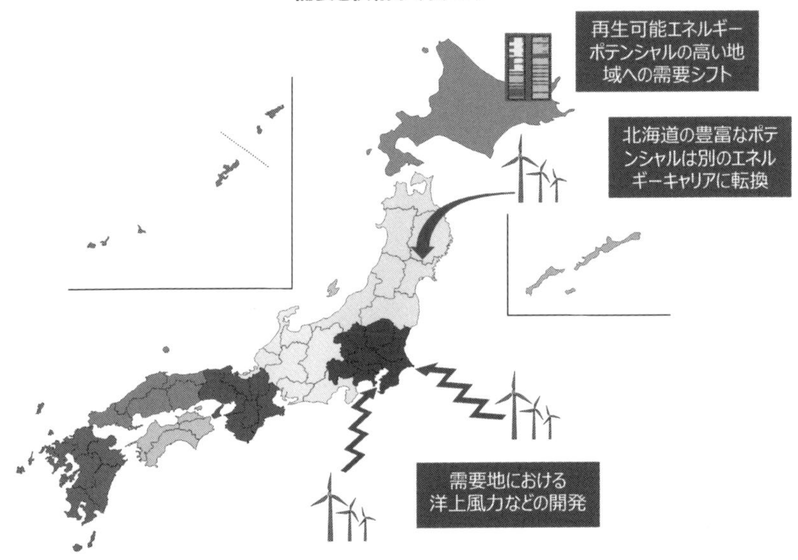

出所：三菱総合研究所作成

風力発電を設置した場合、その電力を需要地である東京まで運ぶ必要があるが、北海道と本州を結ぶ地域間連系線の送電容量の制約が大きく、発電した電力量の多くが余剰電力となって消費できない可能性が高い。このほか、再生可能エネルギーによる発電の場合、貯留式の水力発電とバイオマス発電を除いては、発電前のエネルギーを蓄えておくことが難しい。そのため、天候不順や天災などで長期間日照や風況の条件が悪かった場合に備えて、予めエネルギーを備蓄しておくことが難しい。

こうした課題に対して想定される解決策としては、発電した電力を何らかの形で蓄える、エネルギー貯蔵が有効だろう。定置用の蓄電池や電気自動車のバッテリーは、太陽光発電による昼間の発電電力量を一定量蓄え、夜間に放電することで夜間の電力需要を賄うことが可能となる。また、北海道の豊富な風力発電ポテンシャルに対しては、その電力量を水素や他のエネルギーキャリアに変換することで、貯蔵や輸送の課題を技術的に解決することができるだろう。さらに、再生可能エネルギー電力によって製造されたカーボンフリー燃料は、長期的に備蓄しておくことが可能というメリットに加えて、脱炭素化が難しい産業部門の高温な温度帯の需要や、エネルギー密度の観点から液体燃料が適している航空機や貨物自動車の需要を満たすことも可能となるだろう。もちろん、送電容量の増強も重要なオプションであるし、冷熱エネルギーを大量に必要とするデータセンターなどの電力需要を寒冷地に配置することで、需給の空間的な偏りを均すことも有効なオプションである。また、需給の空間的な偏りを均す対策として、需要地に近い洋上風力ポテンシャルを顕在化させることも大事であろう（図 4-2）。

4.1.5 その他のカーボンフリー電源の可能性

(1) 原子力発電の位置づけ

東日本大震災を経験する前の我が国のエネルギー政策において原子力発

電は、地球温暖化対策という観点からなくてはならないものであり、例えば、2010年6月に閣議決定されたエネルギー基本計画に示された2030年のエネルギー需給の姿では、原子力発電は発電電力量の約5割を賄うことが期待されており、再生可能エネルギーと合わせてゼロエミッション電源の比率を7割とする姿が提示されていた。しかし、東日本大震災と、それに伴う福島第一原子力発電所の事故により、原子力発電は国民からの信頼を失い、2018年のエネルギー基本計画では、原子力発電の依存度を可能な限り低減することが目標として掲げられるようになった。震災前は、電力会社がいくつかの新増設計画を有していたが、その多くは、現状、不透明な状況にあり、工事再開などの目途は立っていない。54基運転していた原子力発電所については、安全性確保の観点から、新たな規制基準への適合を求められるようになり、一時的にはすべての原子力発電所が運転を停止した。2020年3月23日時点では、9基の原子炉が再稼働済み、新規制基準適合審査許可（設置変更許可）済みが7基、審査中が11基（建設中2基を含む）、未申請が9基（建設中1基を含む）となっている。震災前から決定していたものも合わせると、24基が廃炉となることが決定している。

2015年7月に資源エネルギー庁が取りまとめた長期エネルギー需給見通しでは、2030年の電源構成（いわゆるエネルギーミックス）の姿を提示しており、総発電電力量に対して原子力発電の占める割合は20～22%とされている。ただし、現時点で許可済み及び審査中の原子炉がすべて再稼働したとしても設備容量は2,775万kWであり、設備利用率80%と想定しても2030年の想定された発電量には届かない。実際には、審査中であっても審査がかなり難航しているケースもあり、エネルギーミックスで示された原子力の姿の実現は非常に難しいと考えられる。

COLUMN

福島第一原子力発電所の廃炉に向けた取り組み

東日本大震災と、それに伴う津波の影響で、当時運転中であった１～３号機は全電源喪失により原子炉の冷却が困難な状況となり、１、２、４号機では水素爆発が生じるなど、過酷な事故が発生した。現在、福島第一原子力発電所は、冷温停止した５、６号機も含め廃炉が決定しており、１～４号機では、使用済み燃料プールからの燃料の取り出し、溶融した燃料デブリの取り出しなどの廃炉に向けた取り組みが進められている。

また、いまだ取り出しが開始されていない燃料デブリの冷却や地下水の流入などによって生じる汚染水の発生が課題となっており、多核種除

	使用済み燃料の取り出し	燃料デブリの取り出し
1号機	使用済み燃料プールには燃料 392 体が保管されている。 現在は、原子炉建屋上部のがれきを撤去中、その後燃料取り出し設備の設置、燃料の取り出しと進む予定。	溶融した燃料などは、圧力容器を通過して格納容器底部に多く溜まっていると見られている。 遠隔操作が可能なロボットなどにより格納容器内部の情報収集中。
2号機	使用済み燃料プールには燃料 615 体が保管されている。 現在は、建屋内部状況の調査中、その後建屋上部の解体、燃料取り出し設備の設置、燃料の取り出しと進む予定。	溶融した燃料などは、圧力容器底部に多く溜まっていると見られている。 一部圧力容器を通過し、格納容器に溶け落ちて固まった堆積物の接触調査が行われている。
3号機	使用済み燃料プールには燃料 566 体が保管されていたが、2020 年 1 月 31 日現在で 63 体を取り出して共用プールに移送済み。	1号機と同様、溶融した燃料などは、圧力容器を通過して格納容器底部に多く溜まっていると見られている。 遠隔操作が可能なロボットなどにより格納容器内部の情報収集中。
4号機	使用済み燃料プールには、燃料 1,535 体が保管されていたが、2014 年 12 月 22 日に全 1,535 体の取り出しが完了。	地震発生時には定期検査中であったため、燃料デブリは生じていない。

出所：東京電力ホールディングスホームページより三菱総合研究所作成

去設備などによって放射性物質濃度の低減を図った処理水を保管するタンクが、発電所敷地内を埋め尽くすほどの状況となっている。

なお、福島第二原子力発電所も廃炉が決定しているが、そのスケジュールについてはまだ決められていない。

〈1～4号機の状況〉

過酷な事故にあった1～4号機の廃炉作業の状況は、以下のとおりとなっている。

〈汚染水処理の状況〉

現状、燃料デブリの冷却のために注水を続けている状況であるが、これにより生じる汚染水は、処理後に再循環させており、冷却によって汚染水が増え続ける状況にはなっていない。一方、山側から海側に流れる地下水が原子炉建屋に流入することで、汚染水が日々生じてしまっている。

生じてしまった汚染水は、浄化処理を進めてリスクを低減している。具体的には、セシウムとストロンチウムを除去したうえで、多核種除去装置によりトリチウム以外の大部分の放射性核種を取り除いた状態とし、処理水をタンクに貯蔵している。処理水自体を減らす根本的な対策が取れないなかでは、2022年夏頃にはタンク設置のための敷地空き容量がなくなってしまう見込みである。

国の委員会（多核種除去設備等処理水の取扱いに関する小委員会）で処理水の処分方法が検討された。同小委員会の報告書では、検討された5つの処分方法のうち、「技術的には、実績のある水蒸気放出及び海洋放出が現実的な選択肢」であると示された。一方、いずれの放出でも、「現在も続いている既存の風評への影響が上乗せされる」としており、徹底的に風評被害への対策を講じる必要がある。

(2) カーボンフリー水素の可能性

その他のカーボンフリー電源として水素の可能性を取り上げる。

水素は、電力や熱、燃料にもなり得る多機能なエネルギーキャリアである。2018年7月に閣議決定された第5次エネルギー基本計画では、将来の二次エネルギーとして電気、熱に加えて水素が中心的役割を担うことが想定されている。水素のエネルギー利用の浸透した社会は「水素社会」と呼ばれ、図4-3に示すように、足元ではFCVなどモビリティの需要拡大、2030年以降の中長期には、水素を大量消費する水素発電を実現し、水素を再生可能エネルギーと並ぶ新たなエネルギーの選択肢とすることで「水素社会」の実現を目指している。我が国が水素を全力で『推す』背景には、中東依存からの脱却を含むエネルギーセキュリティ向上、電力・運輸・産業部門の低炭素化、日本の技術力による国際競争力強化への貢献期待があるが、ここでは、電力部門の低炭素化実現に向けた水素の可能性を取り上げたい。

水素は、燃焼してもCO_2を排出しない。水素発電でもCO_2を含む排気ガスは出てこない。つまり、利用段階ではCO_2排出はないため、製造段階でCO_2を排出しないカーボンフリー水素を実現できれば、カーボンフリー電源となる。

図4-3　段階的な水素導入のイメージ

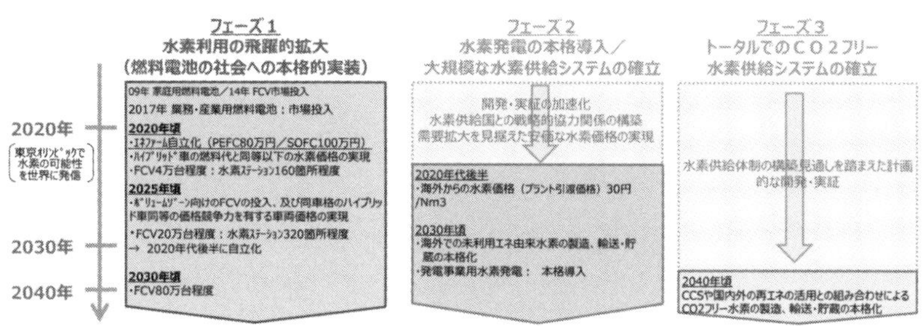

出所：経済産業省「水素・燃料電池戦略ロードマップ」2019年3月策定
https://www.meti.go.jp/press/2018/03/20190312001/20190312001.html

水素を製造する手法は複数ある。水を電気分解する、天然ガスなどの化石燃料を改質する、バイオマスを高温にして水素を取り出す、人工光合成などが代表例である。このうち、発電燃料として大量のカーボンフリー水素を得る方法として期待されているのは、水を再生可能エネルギー由来の電気で分解する、もしくは、化石燃料を改質して水素を製造し、その際に発生したCO_2を回収して固定化（CCS）する２つの手法であろう。

水素発電に供するほどの大量のカーボンフリー水素を確保するには、海外からの輸入が前提となる。オーストラリアなどで採掘される褐炭をガス化して水素を製造し、その過程で発生するCO_2を回収して固定化（CCS）することで、化石燃料から脱炭素化したカーボンフリー水素を確保できる。また、海外の安価な再生可能エネルギーを用いて水電解を行うことでもカーボンフリー水素を獲得できる。こうして海外で製造したカーボンフリー水素を、日本まで海上輸送し、日本において発電などの用途に用いる海外水素サプライチェーンの構築が水素発電導入の前提となる。

ちなみに、海外での水素関連政策は、自国内でのFCVなどの需要拡大や調整力としての期待が中心となっている一方、日本では、大々的な海外水素サプライチェーンの構築と水素発電の実現が最終目標として焦点が当たっている。エネルギー自給率の低い日本ならではの発想と取り組みといえよう。

水素の輸送方法は、主に３つが検討されており、液化水素、有機ハイドライド、アンモニアである。水素自体は気体であり、貯蔵密度を上げることが難しいため、水素そのものを液化するほか、扱いやすい他物質に変換することで輸送効率を高めている。現在、2030年頃に商用規模の海外水素サプライチェーンを確立すべく　年30万ｔ、30円/Nm^3程度の水素供給コストを目指した水素調達手法に関する研究開発が進められている。

海外から調達したカーボンフリー水素を発電に用いるには、既存火力発電所の改良が必要となる。こちらも実証を中心とする研究開発が進み、30円/Nm^3程度で引き渡された水素をもとに、発電コスト17円/kWhを下回るべく効率向上が図られている。[30]

水素は、触れた鋼材を脆くしてしまう特性を有する気体で、石炭や天然ガスなどの従来の燃料とは異なる取り扱いが求められる。そのため、輸送・貯蔵・発電のすべての場面で水素に適したインフラの開発・低コスト化・浸透が必要となり、水素利用を社会に浸透させるには、中長期展望を持って進めざるを得ない。一方、水素をアンモニアに変換することで、既存インフラのままで水素の利点を実現しようという動きもある。アンモニアは、水素と異なり、小さい圧力と冷却で液化が可能で、既に肥料分野でハンドリング技術が確立している。前述したような手法でカーボンフリー水素を製造し、これをアンモニアに転換して、日本に海上輸送、既存の石炭火力の燃料にアンモニアを混ぜることで、既存石炭火力発電所の低炭素化が実現できる。脱炭素化に向けて世界中から逆風を受けている石炭火力発電所にとって、アンモニア混焼による低炭素電源化は大きな可能性を秘めている。

水素やアンモニアがカーボンフリー電源として日本のエネルギー供給の一翼を担うべく、海外水素サプライチェーン確立、水素輸送技術や発電技術の開発などが急ピッチで進められている。

4.2 エネルギーマネジメントサービスが基盤に

1章でも述べたとおり、再生可能エネルギーの主力電源化は、2050年のエネルギーシステム実現に向けた必須な目標である。その際、風況や日照量の変化に応じて再生可能エネルギーによる発電量は変動することが避けられず、電力システム全体で電力需給のバランスを調整していくことが求められる。つまり、再生可能エネルギー主力電源化を実現するには、エネルギー・マネジメントサービスが基盤として存在することが前提条件となる。

なお、エネルギーマネジメントには、「電力」、「熱」、「水素」など、さまざまなエネルギー媒体を通じた可能性が存在するが、ここでは、「電力」に関するエネルギーマネジメントについて考えてみたい。

4.2.1 エネルギーマネジメントがより重要になる未来

(1) 需要家の省エネ・ピークカットは引き続き重要

現在、ビルや商業施設といった業務用需要家、工場を中心とする産業用需要家では、節電やピークカット（需要の大きい時間帯に節電を行う取り組み）、安価な電力の活用といったピークシフト（蓄電池などを使って安い時間帯の電力を貯め、価格の高い時間帯に使う取り組み）といったエネルギーマネジメントが盛んに行われており、それを支えるエネルギーマネジメントシステム（Energy Management System：EMS）の技術革新も進んでいる。また、マンションや戸建て住宅といった家庭用需要家でも、屋根置き太陽光発電の普及によって、電力会社からの電力購入を減らす取り組みが活発化している。地球温暖化問題への対策が今後ますます必要になるなか、このような従来から行われてきたエネルギーマネジメントの重要性は変わらないだろう。

ところで、従来のエネルギーマネジメントは、需要家の節電やコスト削減に資する活動を指していた。しかし、エネルギーマネジメントが担う範囲は、将来に向けて広がっていくと考えられる。その背景にあるものを、これから解説したい。

COLUMN

ピークシフトとピークカット

需要家が使う電力の消費量は、日々刻々と変化する。一般的には、人間が活動している昼間の消費量が大きく、逆に夜間は少ない。これに応じて消費量が多くなりがちな昼間は電気料金が高くなり、夜間は安くなる電気料金メニューが多く提供されている。そこで、料金の高い時間帯の電力使用を削減する取り組みが行われており、これを「ピークカット」と呼ぶ。一方、料金の高い時間帯に使うであろう電力を、蓄電池などを使って安い時間帯に予め貯めておく取り組みも広まりつつあり、これを「ピークシフト」と呼ぶ。

ピークカットとピークシフト

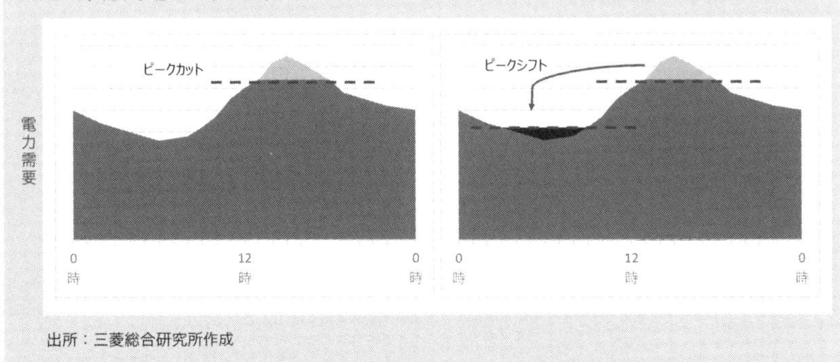

出所：三菱総合研究所作成

(2) 再生可能エネルギー主力電源化とエネルギーマネジメント

前述のとおり、再生可能エネルギー主力電源化に向けて、風況や日照量の変化に応じて起因する変動性再生可能エネルギーによる発電量の過不足を、電力システム全体で調整していくことが必要である。

元来、この役割は、電力会社が運営している発電所が担っており、石油火力やガス火力の一部は、発電量を柔軟に調整することが可能であり、再生可能エネルギーによる発電の変動を受け止めて調整することができた。例えば、太陽光による発電量が増加する日射量の多い時間帯には、石油火力やガス火力による発電量を減らし、逆に雨や曇りの日には、発電量を増やすといった運用をすることで、全体としての発電量の調整役を担っていた。

しかし、このような役割を、需要家サイドのエネルギーリソースが担うことで再生可能エネルギーの主力電源化を促進することも可能である。例えば、需要家が持つ蓄電池や空調・照明の動作状況を調節し、再生可能エネルギー由来電力の過不足に合わせて稼働させることで、電力システム全体の需給バランスを常に保つことが可能になる。再生可能エネルギー由来の電力が余っているときに蓄電池に貯めて、不足しているときに放出すれば、火力発電に頼らずCO_2も発生しない再生可能エネルギー調整システムをつくり上げることができる。

(3) 技術革新とエネルギーマネジメント

再生可能エネルギーを主力電源化していくためには、比較的規模の大きい供給サイドのリソースに加え、地域に分散している需要家サイドのリソースによる出力の調整も必要となる。そのためには、それを支えるエネルギー貯蔵システムの技術革新（性能向上）や価格低減が進んでいることが必要条件であることも見逃せない。エネルギー貯蔵システムの代表的なものが蓄電池と水素エネルギーシステムであるが、これらについては、4.3.を参照していただきたい。

また、エネルギーマネジメントを支える通信・制御技術も進展しつつある。最近では、需要家の電力消費状況、外部環境（気温など）、電力価格の状況などに応じてリソースを複雑に制御したり、複数のリソースを束ねて制御する技術が進展しつつあり、また、制御をサポートする通信技術の進展や通信プロトコルの整備も進んできている。

(4) 電力システム改革とエネルギーマネジメント

先に述べた再生可能エネルギーによる発電の変動を調整したり、あるいはもっと一般的に、電力システムで発生する需要と供給のズレを埋める能力を「調整力」と呼ぶ。

調整力は、従来、電力会社の発電所が提供し、電力の安定供給に貢献してきた。一方、電力システム改革の進展により、電力会社以外の発電所・

リソースから広く市場原理に基づいて調整力が調達されるようになり、本書刊行時点では、各電力会社が定期的に調整力公募を行い、電力会社以外のリソースの参入が実現している。2021年度からは、需給調整市場が開設され、市場原理に基づく調整力調達がさらに活発に行われる可能性がある。

このような環境変化を踏まえて、蓄電池や空調、照明、給湯といった需要家サイドのリソースを、自身のエネルギーマネジメントだけではなく、電力市場に提供することが可能になる時代がやってきている。

以上のように、需要家サイドが、これまでの単なる省エネやピークカットによるコスト削減に留まらず、より積極的に、変わりゆく電力システムの中で自身が持つリソースを活用し、再生可能エネルギー主力電源化への貢献や、新しい電力ビジネスへの取り組みを通じて、さらなるマネタイズを図る動きが進むと考えられる。

その際、個々の需要家が自身だけでエネルギーマネジメントを行うのは、技術的にもビジネス的にも簡単ではない。そのため、需要家サイドに存在するさまざまなリソースの最適な運用サービスを提供する「エネルギーマネジメントサービス」事業者が登場し、需要家のためにさまざまな取り組みを行うようになるだろう。

COLUMN

電力システム改革

2011年の東日本大震災と原子力発電事故により、計画停電や需要抑制が大きな社会問題となり、電力の安定供給への不安が広がった。この問題に対処するには、多様な電源を活用しながら全国レベルの電力ネットワーク運営を行い、しかも競争を通じて電気料金の抑制を図ることが必要である。

この背景のもと、政府主導で電力システム改革が進められている。次頁の図に示すとおり、電力システム改革は主に３つのステップ（広域的運営推進機関設立、小売全面自由化、送配電部門の法的分離）で構成されている。この改革を通じて、「電力の安定供給の確保」、「電気料金上昇の抑制」、そして「需要家の選択肢の拡大と事業者へのビジネスチャンスの創出」を達成しようとしている。我々の身近なところでは、自由化によって、さまざまな電力会社から一社を選択して電気（やガス）を買うことができるようになった。読者の皆様には、実際に新しい電力会社に契約を切り替えた方も多いだろう。

この改革の一環として、電力を取引する卸取引市場の活性化、電力の供給力を予め確保する容量市場、日々刻々と変化する需給の調整を担う調整力を調達する需給調整市場など、さまざまな市場が整備されていくことになっている。従来の大型発電所だけでなく、需要家サイドの分散型エネルギーリソースも、これらの市場で取引され、活躍することが期待されている。

電力システム改革の工程表

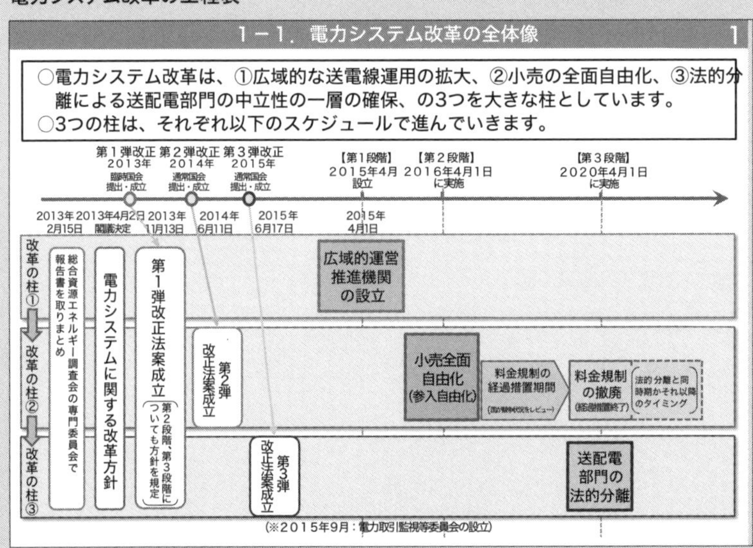

出所：電力システム改革について（2015 年、資源エネルギー庁）
https://www.enecho.meti.go.jp/category/electricity_and_gas/electric/electricity_liberalization/pdf/system_reform.pdf

4.2.2 エネルギーマネジメントサービスとは

(1) エネルギーマネジメントビジネスの形

エネルギーマネジメントのビジネスを、図4-4のイメージを踏まえて説明していきたい。

小売事業者から総合エネルギーサービスプロバイダーへの変貌

現在の電力市場のメインプレーヤーのひとつであり、我々にとって最も身近なのは小売電気事業者である。小売電気事業者は、自社電源や電力取引市場などから電力を調達し、それを需要家に販売している。最近では、都市ガスとの一体販売、インターネットやケーブルテレビの割引、地域の見守りサービスなど、電力に限らないサービスの多角化を進めて需要家の獲得を競っている。

我々需要家の間でも、さまざまな小売事業者から自由に選択して契約できることが広く認知されるようになり、従来の電力会社から契約を切り替える動きも盛んになっている。この小売事業者は、需要家から選ばれ続けて競争に勝ち残るために、現在の電力・ガスの販売・取引だけでなく、需要家向けのエネルギーコスト最適化や省エネといった総合的なエネルギーマネジメントサービスを提供する方向に変貌していくと予想する。

具体的には、以下のような単なるエネルギー供給･販売に留まらない、複雑なエネルギーマネジメントを需要家の代わりに行うようになるだろう。

✓需要家に置かれている蓄電池を需要家の電力消費状況に応じてテーラーメイドに制御する。

✓需要家の屋根に搭載しているPVシステムで発電した電力を需要家の代わりに最も高い売り先に売電する。

✓電力需給の逼迫した状況で需要家にスマートフォンのアプリを通じ

て節電を呼びかけ、それに応じた需要家にボーナスを付与する。

その結果、需要家は、ストレスなく安価な電力供給を受け、また自分自身が持っているエネルギー機器を最も効率的に使うことができるようになり、満足感が高まるようになるだろう。

サービス事業者の登場

実力のある小売電気事業者は、自身で必要な技術を身に付けて、総合エネルギーサービス事業者に変貌していくだろう。他方、自身で開発するよりも、そのような技術・サービスを持つ「サービス事業者」と連携するほうが得策と考える事業者も存在するだろう。また、そもそも小売事業者が担うよりも、「サービス事業者」が独自に展開するほうが合理的な分野も存在するだろう。サービス事業者の具体的なイメージとしては、例えば、以下のようなものがある。これらは、すべて独立しているのではなく、事業者がビジネスモデルに応じて組み合わせる形になるだ

図 4-4　エネルギーマネジメントサービスの全体像

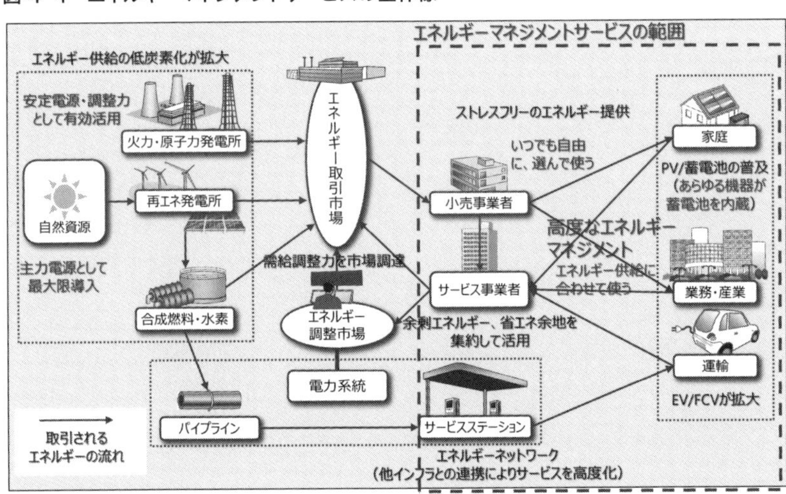

出所：三菱総合研究所作成

ろう。

✓**大規模需要家向けエネルギー管理サービス**

大規模ビルや大型工場では、大がかりなエネルギー管理・マネジメントサービスが既に導入されており、それを支えるいくつかの事業者が存在する。需要家の個別事情にきめ細かく対応可能なため、このような事業者へのニーズは存続し、これからのエネルギーサービスニーズに合わせて、必要な技術開発を行いながらサービス内容を拡充していくだろう。

✓**リソース機器販売会社**

蓄電池や自家発電設備を製造・販売する会社は、そのリソースの技術特性を熟知しており、また、その販売先（お客様）が誰で、お客様がどのようなニーズを持っているかを理解している。そこで、リソース機器販売会社は、単なる製品販売とアフターサービスだけではなく、製品納入後もエネルギーマネジメントも担うことで、お客様との関係を継続し、合わせて収益の拡大を目指すだろう。

✓**ディベロッパー**

マンションや戸建住宅といった不動産のディベロッパーは、自身が開発した不動産のエネルギーリソースの全貌を把握している。不動産を建設し、施主に引き渡したあとも、エネルギーマネジメントサービスを提供することで、施主との関係を継続し、そのうえで将来の改修工事受注につなげるなど、ビジネス機会の拡大を目指すだろう。

✓**分散型リソースアグリゲーター（VPP 事業者、(3) にて後述）**

需要家サイドの分散型リソースの一つひとつは小さい。電力システムの中で効果あるサービスを提供するには、さまざまな需要家に点在して設置されている多数のリソースを束ねて同時に制御し、ひとつのサービスとして提供することが重要である。このようなサービスを行うのが VPP 事業者であり、再生可能エネルギーの導入拡大や、リソース制御技術の進展とともに、VPP事業者が活躍する機会は大きく増えるだろう。

IoTベンダーの活動拡大

これまでの説明からもわかるように、エネルギーマネジメントを行うには、リソースを監視、判断、制御する技術・システムに加えて、その際にさまざまなプレーヤーとコミュニケーションを行う技術・システムが不可欠である。そのため、これらを支えるIoTベンダーの存在は欠かせない。

ビジネス展開が先行している欧米の事業者やベンダーが日本に既に参入しており、その活動が広がる可能性は高い。一方、日本のベンダーも、日本独自の制度設計やエネルギー消費状況を把握していることを強みとして、しっかり開発を進めていくことで大きなポジションを担うことが可能であると考えられる。

サービスステーションの拠点化

ガソリンスタンドに代表されるサービスステーションの重要性にも触れたい。人口減少や過疎化、自動車の燃費向上といった影響により、サービスステーションは減少しつつある。しかし、多くの住民が集う場所であることに変わりはない。また、常時、多くのエネルギー（ガソリン）を備蓄しているため、災害時には、緊急用エネルギー供給ステーションとして位置付けることができる。ガソリンスタンドに自家発電設備や蓄電池などを備えておけば、緊急時の電力供給ポイントになるだろう。自家発電設備や蓄電池は、災害時以外はエネルギーマネジメントサービスを提供することで、サービスステーションの収益拡大にも貢献できるだろう。このように、サービスステーションを維持し、エネルギーサービスも組み合わせつつ機能を多角化していくことは非常に意義が大きいと考えられる。

究極の形としての P2P 取引

ここまで述べてきた取り組みはすべて、需要家と事業者の間の取引を通じて行われている。しかし、究極的には、需要家同士が直接電力やリソースのやり取りを行う世界が到来するかもしれない。これは、Peer to Peer（P2P）取引と呼ばれる（2.2 参照）。P2P 取引を実現するための技術開発は、既に国内外で活発化している。また、需要家同士の取引によって大量に発生する取引履歴を管理するために、ブロックチェーンによる分散管理が提唱されており、これについても技術開発を進める事業者が多く存在している。このような時代は、かなり先になると考えられるが、もしかしたら、小売電気事業者が消滅するような未来もあるのかもしれない。

(2) エネルギーマネジメントサービスの提供機能

エネルギーマネジメントサービスが提供する機能は、需要家サイドに設置されているエネルギーリソースを効率よく活用することで、需要家がストレスなく電力供給をより安価に受けることができるようにするということである。

その際にキーワードとなるのは、「マルチユース」という考え方である。従来、「非常用電源用途」や「ピークカット用途」など、あるひとつの目的のために設置されていたエネルギーリソースを、時間帯などに応じて複数の用途で使えるようにし、リソースの稼働率を高め、結果としてリソースから得られる便益をできるだけ大きくするものである。

具体的な提供機能は、図 4-5 のとおりである。エネルギーマネジメントサービスが提供する機能は、リソースを設置した需要家が直接便益を得るもの（需要家向け機能）と、リソースを広く電力システムの安定運用のために稼働させ、その対価を需要家が得るもの（電力市場向けの機能）に分けることができる。基本的に、ひとつのリソースを時間帯などに応じて需要家向けと電力市場向けの両方に提供するマルチユースを目指すことがで

図 4-5　エネルギーマネジメントサービスが提供する主な機能

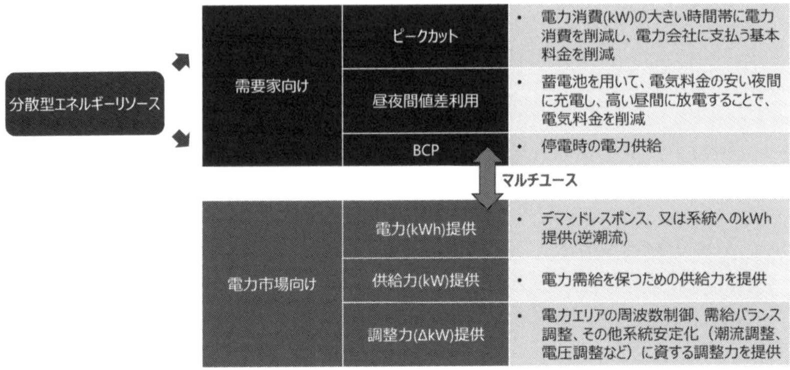

出所：三菱総合研究所作成
※デマンドレスポンス：需要家側エネルギーリソースの保有者もしくは第三者が、需要家側エネルギーリソースを制御することで、電力需要パターンを変化させること。
※バーチャルパワープラント（VPP：Virtual Power Plant）：分散型エネルギーリソースの保有者もしくは第三者が、分散型エネルギーリソースを制御することで発電所と同等の機能を提供すること。

きる（例：通常はピークカットで活用しているが、一日のうち限られた時間帯しか使用しないため、稼働していない時間帯では調整力を提供する）。また、需要家向け、電力市場向け双方のカテゴリーの中でも複数の用途のために用いる（例：ピークカット用途で設置するが、非常時は非常用電源として活用する）マルチユースも考えることができる。

マルチユースを活用したビジネスモデルを可能にする制度が構築されれば、エネルギーマネジメントサービスはさらに活発化していくだろう。

(3) バーチャル・パワー・プラントという考え方

本項目でも既に触れているが、エネルギーマネジメントサービスでは、「バーチャル・パワー・プラント（VPP）」という考え方が非常に重要になる。

VPPとは、需要家サイドに存在している蓄電池や自家発電設備、空調、照明などの複数のエネルギーリソースをIoTを通じて束ねて制御し、あたかも大型発電所のような機能を提供することである。

従来は、大型の発電所が電力システムにおける電力需給を常に一致させ

図 4-6　VPP を活用したビジネス体制

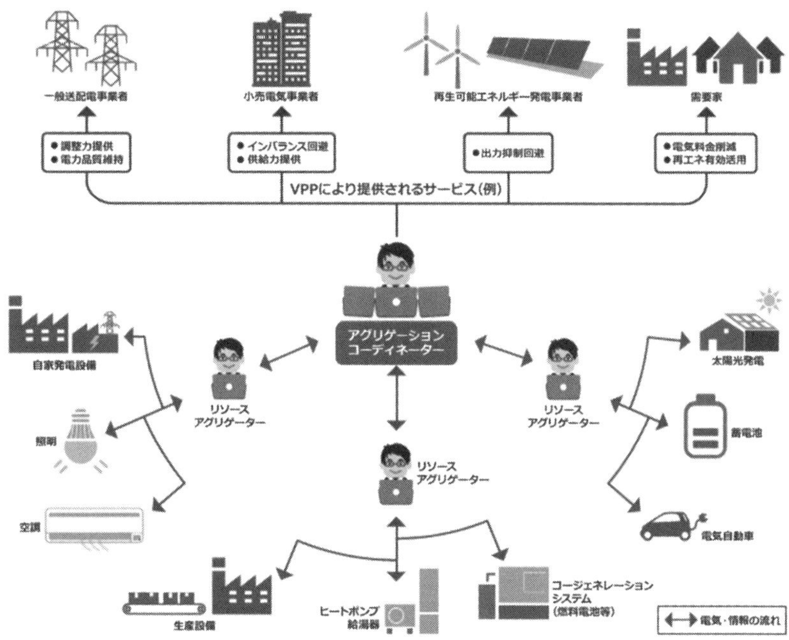

出所：資源エネルギー庁ホームページ
https://www.enecho.meti.go.jp/category/saving_and_new/advanced_systems/vpp_dr/about.html

てきた。しかし、技術革新や電力システム改革の進展などによって、IoTを活用した高度なエネルギーマネジメント技術により複数のリソースを束ねて遠隔・統合制御することが可能になった。このような VPP によって、電力の需給バランス調整、負荷平準化、再生エネの供給過剰の吸収、電力不足時の供給などの機能を提供し、電力システムで活躍することが期待されている。

VPP ビジネスのイメージは、資源エネルギー庁が紹介している図 4-6 を用いて説明したい。

VPP のビジネス主体は、リソースアグリゲーター（RA）と、アグリゲーションコーディネーター（AC）である。

- ✓ **RA**：リソースを持つ需要家と契約を結び、そのリソースを実際に制御する事業者である。電力小売事業者やリソース機器販売会社、ディベロッパーなど、需要家と接点を持つ多くの事業者がRAになると考えられる。
- ✓ **AC**：リソースアグリゲーターが制御した電力量を束ね、一般送配電事業者や小売電気事業者と直接電力取引を行う事業者である。電力システムにVPPを提供する際、一つひとつのRAでは、規模が小さかったり、リソースの種類や特性に偏りがあったりして、市場が求める規模や応答特性を持ったサービスを提供できない可能性がある。そこでACが登場し、各RAのリソースを組み合わせて、市場が求めるサービスを提供しようというものである。

なお､図4-6では､すべてのサービスがACを経由して提供されているが、RA単体あっても、十分なリソース規模や技術力があれば、ACを経由することは不要である。

VPPが提供するサービスは、現在のところ、以下のようなものが想定されている。

- ✓ **一般送配電事業者向けサービス**：一般送配電事業者が担っている需給バランス調整や、電力品質の維持といった機能の一部をVPPで代替することが考えられている。
- ✓ **小売電気事業者向けサービス**：小売電気事業者の電源としてVPPを活用したり、小売電気事業者の責務であるインバランス低減（需要の予測と実際の需要の差を可能な限り減らすこと）を、VPPを用いて達成することが考えられている。
- ✓ **再生可能エネルギー事業者向けサービス**：再生可能エネルギーの導入が進む今、既に日本の一部地域では需要よりも再生可能エネルギーの供給量が大きく上回ってしまい、一部の再生可能エネルギー発電所に対して発電量を抑制させる事態となっている。もし、そのような時間帯にVPPを用いて余った電力を吸収させることができれば、再生可能エネルギーの有効活用につながる。

✓**需要家向けサービス**：本章で説明している需要家向けのピークカット用途やBCP用途などのリソースに対し、複数の需要家リソースを同時に動かしてサービス提供すれば、それは、立派なVPPとなる。VPPを活用して、需要家の再生可能エネルギー電力利用量を増やすことも可能になるだろう。

VPPの実現に向けて、現在の国の補助金を活用したVPP実証が2020年度末までの予定で行われており、多くの事業者が参加して技術開発や検証、VPPの主要リソースである蓄電池の普及が行われている。既にVPPの考え方を利用したビジネスが立ち上がりつつあり、また、2021年度に開始予定の需給調整市場でも、VPPの活用が期待されている。このようにVPPは、エネルギーマネジメントサービスのひとつのコアとして発展していくと考えられる。

4.2.3 エネルギーマネジメントサービス発展に向けた課題と論点

(1) エネルギーマネジメントシステム(EMS)の高度化

EMSは元来、商業ビルなどの建物単体のエネルギー消費状況を把握し、状況に応じて省エネやピークカット、緊急時の自家発電運用などを行う機能である。大規模なビルや工場では、専用の制御室に大がかりな装置が導入されているのをよく目にする。

一方、将来のエネルギーマネジメントサービスには、需要家の規模の大小に関わらず、より高度な機能を備え、自動運用によって需要家の利益最適化を図ることが求められ、そのための技術開発が望まれる。また、ひとつの需要家を対象とするだけでなく、コミュニティ単位あるいはエリア単位で複数の需要家に対して、エネルギーマネジメントを行う機能が求められるだろう。

表 4-3　将来のエネルギーマネジメントシステムに求められる機能

求められる機能		概要
予測技術	需要予測	需要家のエネルギー需要を、過去の実績データなどを活用して、より正確に予測する技術。
	太陽光発電による発電量予測	過去の発電実績や気象データなどを用いて、将来の発電量を30 分単位などで予測する技術。
	リソースの余力予測	蓄電池など、需要家サイドに導入されているリソースの稼働実績から、将来の稼働状況や、指令によって調整可能な稼働幅（余力）を予測する技術。
	電力市場の価格予測	卸電力取引市場や需給調整市場、容量市場など、細分化されている日本の電力市場の将来価格を予測する技術。
リソース制御技術	応答速度の向上	外からの制御指令に対応して、できるだけ早くリソースを応答させる技術。秒単位での応答が将来は必要とされるだろう。
	VPP 運用	多数のリソースを同時に制御し、VPP としてサービスを提供する技術。各種予測やリソース制御を同時多発的に行う機能が求められる。

出所：三菱総合研究所作成

その際､従来のエネルギーマネジメントシステムの機能をベースにして、各種予測機能の充実、またリソースの制御をより高度に行う機能の発展が欠かせない（表 4-3）。

予測技術としては、需要家の需要をより詳細に正確に予測する技術、太陽光発電による発電量を予測する技術、蓄電池といったリソースの運用能力（稼働可能幅）を予測する技術、各種電力市場の価格予測などが挙げられる。制御技術は、リソースの運用をより高速で行う技術や、多数のリソースをあるひとつの目的のために同時に制御する技術などが挙げられる。

これらの技術は、海外で先行的に技術開発が行われているほか、日本でも VPP 実証などを通じて、日本の電力システムに合わせた機能・システム開発をさまざまな企業が行っている。将来的には、日本版の高度エネルギーマネジメントシステムが次々と商用化され、ビジネスの場で活用される可能性が大きいと考えられる。過去のさまざまな実績データを組み合わせる、いわゆるビッグデータ活用の可能性もあるだろう。

(2) サービスの活性化に向けた制度設計

VPP や P2P など、需要家エネルギーリソースを最適統合し、系統に調整力を提供しつつ、経済的メリットが得られるエネルギービジネスの活性化に向けては、規制緩和などの市場環境整備が必要である。

例えば、従来大型発電所の活用を想定していた市場ルールを、小型の需要家サイドのリソースも参画できるよう、市場ルールを見直していく必要があるだろう。2021 年度に開設が予定されている需給調整市場では、最低入札容量が定められており、商品メニューに応じて 5,000kW 以上、又は 1,000kW 以上の容量で参加する必要がある。他方、単純な比較はやや乱暴かもしれないが、海外の同様の市場では、100kW 程度から参加を可能とする制度が普及している場合もある。いずれにしろ、小型のリソースを活用するためには、それらを一定量束ねる必要があるため、最低入札量が小さくなるほど市場の活性化につながるだろう。

また、市場の各プレーヤーとリソースを結ぶ通信の在り方について、議論を進める必要がある。従来型の大型発電所を活用した市場では、発電所と電力会社の間に専用線が敷かれ、さまざまな情報のやりとりが行われていた。他方、多数のリソースがインターネットなどを通じてつながる世界では、通信の安定性や高速性及びセキュリティについて、従来とは異なる考え方であるべき通信の要件を決めていく必要があるだろう。

また、小型リソースが実際に電力市場に向けて稼働した場合、それをどのように測定し、市場プレーヤーに送信し、どのように評価するのかについてもルール作りを進める必要がある。正確性を追求すればするほど測定・評価に要するコストは高くなり、小型リソースを扱うメリットが薄れてしまう。とはいっても、適当に測ればよいわけでもない。健全な市場運用のために最低限求められる精度については、検討を進めることがポイントになるだろう。

P2P 取引では、需要家同士がリソースを融通し合い直接取引を行うため、小売電気事業者を介さず取引が行われることになるが、ここにひとつ課題がある。2.3.3で述べたとおり、現在、電気の取引・販売を行うためには、小売電気事業者として所定の要件を満たし、国に登録する必要がある。その後も、電力取引に関するさまざまな届け出や報告を行う責務がある。しかし、需要家一人ひとりがそのような手間をかけることはできない。現在、我が国を含む世界中でP2P取引に関する構想や実証実験が盛んに行われているが、「需要家一人ひとりの小売免許の問題をどうするか」という点は、今後、必ず論点になるだろう。

エネルギーマネジメントサービスに関する課題は、ほかにもさまざまなものがあるが、ここでは主だったものについて紹介した。要するに、これまで大型の発電所を想定して設計されていた電気事業制度を、需要家サイドの小型リソースもうまく扱えるように変えていく必要があるということだ。小型リソースのポテンシャルを活かすことができるような方向性が望ましい一方、測定の正確性や通信のセキュリティなどについて、一定の基準を設けることも必要である。優遇と公平のバランスがとれた制度の形成が求められる。

(3) データの流通・活用に向けた取り組み

需要家サイドにある多くの小型リソースをエネルギーマネジメントサービスに活用することで、日本の電力市場で扱うリソース・発電所の数は飛躍的に増加することになる。その結果、プレーヤーの間でやりとりされるデータの量も膨大になる。これらのデータを迅速かつ安全に流通、活用させる取り組みが必要となろう。具体的には、やりとりするデータ種の整備と標準化、通信プロトコルの標準化などが挙げられる。

また、リソースの活用にあたって、風況や日射量といった天候データ、需要家の過去の電力消費データ、ビルや工場といった事業所（需要家）の操業データなど、いわゆるビッグデータを扱って、リソースの活用を最適化する取り組みが進むだろう。これらのデータに対して、すべてのプレーヤーが公平な条件でアクセスできるようなルール作りが必要になる。

4.3 エネルギー貯蔵システムの確立

前述のとおり、2050年のエネルギーシステムで想定される再生可能エネルギー主力電源化を実現するには、変動する再生可能エネルギーによる発電量を電力システム全体で調整する機能が必要であり、エネルギー貯蔵システムの確立が欠かせない。特に、本書では、これまでも将来のエネルギーシステムを担うデバイスとしての蓄電池について触れてきた。

また、蓄電池産業には、古くから日本の技術が幅広く活用されてきた。現在は、新興国などの台頭により日本の蓄電池メーカーの世界シェアは低下を余儀なくされているが、一方で、蓄電池の技術をサポートしてきた部材・装置メーカーは、世界的にも高い国際競争力を有している企業も多い。また、国内の大学や研究機関においては、次世代蓄電池の技術開発が進められており、今後の日本の産業競争力を牽引する存在になることが期待されている。

本項目では、エネルギー貯蔵システムの代表例である蓄電池の特徴や提供するサービス、現状抱えている課題などについて紹介するほか、新たなエネルギー貯蔵手法として期待を集める水素の可能性について触れる。

4.3.1 蓄電池により電気が貯められる世界に

1章で示したとおり、エネルギーミックスで想定されている再生可能エネルギー導入拡大の実現に向けて蓄電池への注目が集まっている。

我が国に限らず、エネルギー業界全体のメガトレンドとして、「低炭素化・脱炭素化」、「分散電源化」が挙げられる。「低炭素化・脱炭素化」は言わずもがな、パリ協定を受けた世界的な動きのなかで再生可能エネルギーを中心とした技術革新、価格低減が背景にある。「分散電源化」は、自然災害をはじめとした不確実性の高まりによる大型投資に対する資金調達の困難化、IoT技術の進展、シェアリングエコノミーを含む需要家の意識の変化などが背景にある。こういったメガトレンドを受けて、蓄電池への期待が高まっている。

(1) 蓄電池の役割

蓄電池は、電力システムに対して「充電する」、「放電する」、「蓄える」といった３つの機能を提供できる（表 4-4）。

蓄電池を含むエネルギー貯蔵技術が存在しない電力システムにおいては、基本的には電力を貯めることができず、瞬時の電力需要に合わせて発電を行い需要家に送り届けるということが求められる。万が一、需要と供給のバランスが崩れると周波数が乱れ、家電製品や工場にある生産設備の機械が壊れてしまう。さらには停電が発生し、系統全体での電力供給を継続できなくなってしまうことになる。2018 年９月に北海道で発生した地震により、北海道管内でブラックアウトが発生したことは記憶に新しい。

このように安定的な運用が難しい電力システムに対して、電力を蓄えるという機能を提供する蓄電池は、電力システム全体に対して安定性・柔軟性を与える存在となり得る。具体的には、太陽光発電の大幅な普及によっ

表 4-4　蓄電池が提供する機能

機能	概要	想定される用途・効果
充電する	家電などの需要設備のように電力を使用する	・太陽光発電などの再生可能エネルギー大量導入時の余剰電力の吸収 ・系統の混雑緩和（送配電設備への投資繰延べなど）
放電する	発電設備のように充電していた電力を放電する	・電力ピーク時間帯における火力電源代替 ・購入電力削減による需要家の契約電力低減 ・停電時のバックアップ電源／起動電源としての活用 ・周波数調整などの調整力の提供[31]
蓄える	電力が余っているときに、そのエネルギーを蓄えることができる（ユーザーの都合で、充電／放電の間隔を自由に変えられる）	・小売電気事業者による卸取引市場を活用した裁定取引（アービトラージ） ・（再生可能エネルギーなどと組み合せた）自家発自家消費 ・昼夜間値差などを活用した電力料金削減

出所：三菱総合研究所作成

て昼間の発電量が大きく増加したため、既存の電力系統では、その発電量を吸収しきれないという状況が生じているなか、余った電力を蓄電池に蓄えておくことで、系統側にとっては供給過剰を防ぐことができ、需要側にとっては無駄なく発電した電力を使用することができるようになる。

また、固定価格買取制度による買取期間が終了した住宅においては、太陽光発電が発電した電力を売電するのではなく自家消費するほうが経済的にメリットが生じる。一方で、多くの住宅においては、太陽光による発電量が最も大きくなる昼間ではなく、朝方や夕方に電力需要がピークを迎えるため、発電した電力をすべて自家消費することは難しい。しかし、仮に蓄電池を備えた住宅であれば需要が小さい昼間に発電された電力を蓄えておき、朝夕や夜に放電することで自家消費することができるようになるだろう。

(2) エネルギー貯蔵技術の種類と特徴

蓄電池は、電気エネルギーを化学エネルギーに変換し、蓄えるエネルギー貯蔵技術であるが、図4-7に示すように、蓄電池以外にもエネルギー貯蔵技術は存在する。例えば、古くから電力システムで活用されてきたものとしては揚水発電がある。揚水発電は、電気エネルギーを位置エネルギーに変換することで蓄える技術である。これ以外にもフライホイール、キャパシタ、超伝導電力貯蔵（SMES：Superconducting Magnetic Energy Storage）や、圧縮空気エネルギー貯蔵（CAES：Compressed Air Energy Storage）、水素などと、それぞれ貯蔵方法の異なるエネルギー貯蔵技術が存在する。そのなかでも蓄電池は、比較的速い応答が可能であること、小型化でき設置場所の制約が少ないことなどから、電力システムでの活用が期待されている。

一口に蓄電池と言っても、使われている技術によって複数の種類が存在する。現在商用化されている主要なものとしては、鉛蓄電池、ニッケル水素電池、リチウムイオン電池、NaS電池、レドックスフロー電池などが

図 4-7　各蓄エネルギー技術のポジショニング

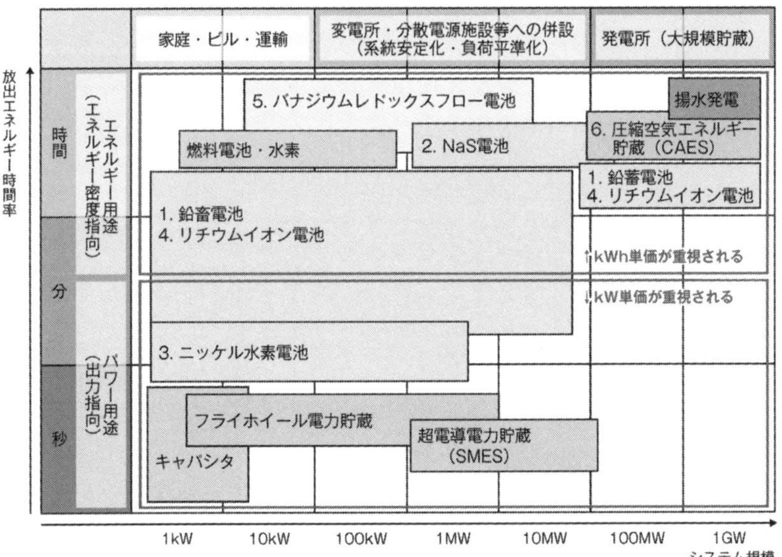

出所：NEDO「再生可能エネルギー技術白書　第９章　系統サポート技術」p26

挙げられる。それぞれの特徴は、ここでは割愛するが、家庭用蓄電池などで広く販売されているものは、リチウムイオン電池である。リチウムイオン電池は、スマートフォン、パソコン、電気自動車などのバッテリーとしても活用されており、体積当たりのエネルギー密度が高いこと、充放電効率が他の蓄電池に比べて高いことなどから導入拡大が進んでいる。

4.3.2 蓄電池により実現できる生活・仕事

蓄電池は、複数の機能を提供できることから、利用シーンに合わせてさまざまな活用の可能性がある。これ以降では、それぞれの場面での蓄電池の活用方法について紹介していきたい。

(1) 停電などの非常時への備え

2020年現在、蓄電池は、家庭分野での市場拡大が著しい。台風や地震などといった自然災害の多発により、バックアップ電源として蓄電池を導入するというニーズが高まっている。家庭用蓄電池を導入し、非常時にも蓄えた電力を活用することで、電力システムのトラブルにより近隣が停電している場合においても、一定程度の時間は通常の暮らしを継続できる。

また、蓄電池に貯めた電力を隣の家と融通することも可能になるだろう。電力系統がダウンし、その一帯が停電をしている場合においては、配電線を活用することは難しくなるかもしれないが、蓄電池に貯めた電気を直接住宅に配線しておくことで、スマートフォン、パソコン、電気自動車などの充電は可能になると考えられる。

家庭のみならず、自治体や商業施設に置かれた蓄電池は、このような使われ方が拡大していくと考えられる。通常は、蓄電池に電力を貯めておき、非常時には、その施設の電力供給を賄うだけでなく、そこに集まる人たちが活用できる電源となる。非常時にも電力を求める人が集まれる場所として地域に貢献することができれば、公共施設のみならず商業施設でも、地域を支える重要なインフラとしての存在感を増すことができる。

さらに、太陽光発電のような再生可能エネルギーの発電設備と蓄電池を併用することで、停電時の備えを万全にすることが可能になる。2019年には、卒FITといわれる固定価格買取制度の買取期間が終了する太陽光発電を持つ一般家庭が50万世帯以上存在するといわれており、これらの需要家に対して蓄電池が導入される可能性がある。

これまでは、火力発電や原子力発電のような遠方にある集中電源によって賄っていた電力を、自宅の屋根に設置されている太陽光パネルによる発電で賄い、さらには蓄電池を併設することで、夜間でも太陽光発電による電力を活用できるようになる。また、停電などの非常時においても蓄電池からの電力を活用することで、通常の暮らしが継続できるようになるだろう。

(2) 再生可能エネルギーと組み合わせた電力の地産地消・自給自足

(1) で紹介した非常時における電力融通だけでなく、平時においても近隣の家庭に電力を融通するような住宅も増えてくるかもしれない。屋根にある太陽光発電で発電した電力を蓄電池に貯めて、それを必要とする近隣に配電線を活用して供給する、といったこともできるようになると考えられる。なお、蓄電池を活用した電力の融通は、近隣に限ったものではなく、特定の地域での融通も可能となる。もちろん電力の配電網の容量があるため、ある時間帯で融通できる量に物理的制約はあるものの、その制約の範囲内でやり取りすることができるだろう。まるで調味料の貸し借りや故郷からの贈り物をお裾分けするように、蓄電池に貯めた電力をやり取りできる世界が実現する可能性がある。

例えば、新電力である「みんな電力株式会社」は、図 4-8 に示すとおり、卒 FIT の太陽光発電や電気自動車を持つプロシューマーが余剰電力を相対取引するようなプラットフォームを提供するサービスを 2019 年 11 月より開始している。本サービスは、実際の電力の流れを含めてマッチングす

図 4-8　みんな電力株式会社による P2P 取引の概要（ENECTION2.0）

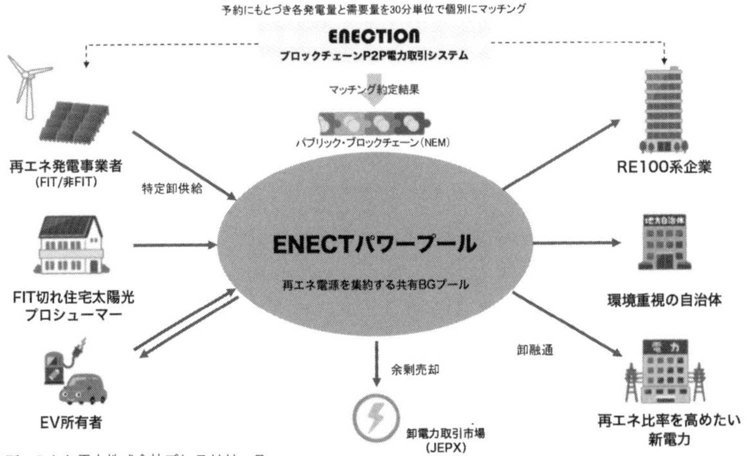

出所：みんな電力株式会社プレスリリース
https://minden.co.jp/personal/wp-content/uploads/2018/12/release_20181205.pdf

るのではなく、あくまで契約上のマッチングを実現するプラットフォームである。しかし、これまでは、小売電気事業者といった法律で定められた事業者のみが行っていた電力供給を、このようなプラットフォームが疑似的な電力供給主体となることで実施できるようになると考えられる。

電力の消費者の立場として供給を受けていた存在から、プロシューマーとして電力を供給する立場になることで、電力を供給するという行為のみならず、その供給先を自らの志向により選択できるようになる。これまで特定のブランドや企業を応援するためには、その製品や株式を購入するといった方法が主体であったのに対し、そのブランドや企業が事業活動のなかで消費する電力の供給者という立場として参画することが可能になる。

将来的に、さらに再生可能エネルギーの導入が拡大していくことで、電力の自給自足も可能になるだろう。2020年現在も日照の良い長野県などにおいては、県内で使っている消費電力量よりも発電している電力量のほうが多い地域も存在する。ただこれは、1日、1カ月、1年といったある区切った時間内での発電電力量の合計値が消費電力量の合計値を上回っているというだけで、実際には、昼間にしか発電しない太陽光発電では十分その地域内での消費電力量を賄いきれず、電力系統を活用して昼間は余剰電力をエリア外へ供給し、不足している夜間においては、エリア外から電力の供給を受けている状態である。

もしこういったエリアに蓄電池が導入されれば、昼間の余剰電力を貯め、夜間に活用することで本当の電力の自給自足が実現できるかもしれない。エリア外にある電源に頼ることなく、エリア内にある再生可能エネルギーと、それらが発電した電力を貯める蓄電池により電力システムを完結させる、いわゆるオフグリッドの世界が実現できる可能性がある。電力の自給自足は、地域のエネルギーを活用できるという点のみならず、他地域で発生した電源トラブルなどによる停電リスクがなくなることや、他地域との連系線によるコスト負担の低減などのメリットも享受できる。

地域によっては、日照時間が長いところ、風況の良いところ、バイオマスなどの燃料を確保しやすいところなどが存在するため、地域の特徴を生かした電力システムを構築し、その価値を地域に還元するような仕組みにより、地域のブランドへの貢献の一助となる可能性もあるだろう。

(3) 電力設備形成の最適化や再生可能エネルギーの導入拡大への貢献

蓄電池の活用は個人・地域内での電力量（kWh）の融通に留まらず、電力システム全体に対する貢献も期待されている。そのうちのひとつは、供給力（kW）としての貢献、もうひとつは調整力（Δ kW）としての貢献である。

1) 供給力(kW)としての貢献

これまでの電力システムにおいては、電力需要に合わせて供給設備である発電所が建設・運用されてきた。図 4-9 のように 1 年間（8,760 時間 = 24 時間× 365 日）の 1 時間当たり電力需要を大きい順に並べたものを「デ

図 4-9　電力供給の形とピークカットによる効果

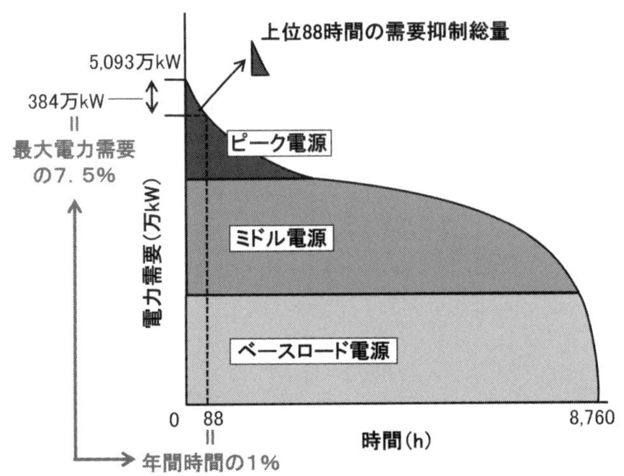

出所：第 6 回総合資源エネルギー調査会　省エネルギー・新エネルギー分科会　省エネルギー小委員会資料 3 「ディマンドリスポンスについて〜新たな省エネのかたち〜」p12（2014 年 10 月）

ュレーションカーブ（負荷持続曲線）」と呼ぶが、このピークに合わせて発電設備は保持されている。東京電力パワーグリッド管内で見ると、なかには年間の約１％に相当する 88 時間のみしか稼働していない容量も存在し、その規模は最大の電力需要の 7.5％、384 万 kW もの容量になるといわれている。

もし、この電力需要がピークとなる時間帯に蓄電池が供給力を提供することで、電力システムに貢献できるのであれば、この 384 万 kW の設備容量を代替することができる。

2）調整力（ΔkW）としての貢献

前述のとおり、蓄電池の特徴として応答性の速さが挙げられる。この応答性を活用した電力システムへの調整力の提供も、蓄電池に期待されているひとつの機能である。

電力システムの安定化を担う送配電事業者は、瞬時の需給変動に対応するために一定程度の調整可能な電源を確保している。これまでの電力システムにおいて調整力の提供は、変動可能な火力発電や揚水発電が担ってきた。この役割を蓄電池が担うことで、古くなった火力発電所を停止し、日本の電力インフラの若返りを図ることができる。

また、調整力を増加させることは、再生可能エネルギーのさらなる拡大にも寄与する。近年、再生可能エネルギーの導入拡大が進展しているものの、2020 年現在では、北海道や東北、九州エリアにおいて系統側の制約によりさらなる導入が困難になってきている。九州エリアにおいては、昼間の電力供給が需要を上回っており、再生可能エネルギーの出力制御を余儀なくされている。北海道及び東北エリアの一部では、系統の容量不足により再生可能エネルギーの追加的な連系が困難になっており、将来的には、さらに再生可能エネルギーが増加することにより周波数調整力が不足する可能性があり、これらによる連系量の制約が顕在化するといわれている。

このような状況のなかで、昼間の余剰電力を貯めることで調整力を提供できる蓄電池は、再生可能エネルギーのさらなる連系可能量を増加させる役割も期待されている。

4.3.3 蓄電池導入拡大に向けた課題

これまでは、蓄電池の導入によるメリットの部分を説明してきたが、それらを実現するための課題について、ここで説明したい。

(1) 価格低減に向けた取り組み

蓄電池は、これまでの説明のとおり数多くの電力システムへの貢献が期待されている。ただし、現状の大きな課題のひとつとして蓄電池の価格がある。経済産業省では 2016 年 9 月、家庭用蓄電池の 2015 年度での実績価格が 22 万円 /kWh であるとし、2020 年度の目標価格として 9 万円 /kWh 以下を設定した。目標価格は、蓄電池導入により 15 年間で投資回収できる価格として設定されていることから、この目標価格に達成してようやく導入した需要家が経済メリットを得られる状態ということになる。

現在、蓄電池を導入している需要家は、前述した非常用電源としての価値を見出して導入している、いわゆるアーリーアダプター層であるといえる。今後、蓄電池がさらに導入拡大し、電力システムで活用されていくためには、需要家の経済メリットが十分見いだせることが必要条件となるだろう。そのためには、目下のマイルストーンであるこの「2020 年度における 9 万円 /kWh」という家庭用蓄電池の目標価格をいかに達成していくかということが重要になってくる。2019 年度の家庭用蓄電池の平均市場価格は 20 万円 /kWh 程度であるが、トップランナー的な製品の場合、工事費を除くと 10 万円 /kWh 弱の製品登場がアナウンスされている。いずれにせよ、この目標実現に向けては、蓄電池メーカーによる量産化や標準化などの努力が必要なのは言うまでもないが、それに限らず市場での認知度向上や受容性の向上が必要だろう。太陽光発電については、政策的な後押しなどもあって導入が爆発的に拡大した経緯があるが、蓄電池についても市場の形成や認知度・受容性の向上に向けた行政の取り組みも合わせて期待したい。

さらに、蓄電池産業の発展と日本の産業競争力の維持という観点からすると、蓄電池の価格そのものを下げるというアプローチに留まらず、蓄電池が提供できる価値の向上という点も重要になる。先述のとおり蓄電池が提供できるサービスは複数存在しており、ひとつの機能だけでなく複数の機能を提供することで、トータルの収益性を向上させることが可能になる。

例えば、昼夜間の電力の値差に応じて利益が出るように充放電を行っている家庭用蓄電池に対して、出力制御回避のための充放電を組み合わせる方法である。これは、蓄電池のマルチユースといわれているが、当然のようにある需要家ひとりでマルチユースをするよりも、複数の需要家、さらには需要家と発電事業者といった蓄電システムを活用したいステークホルダー同士で組み合わせることで、さらに収益の拡大が期待できる。

このような考え方は、最近あらゆる業界で話題となっているシェアリングエコノミーの考え方と同様である。政府主導で進められている VPP（バーチャルパワープラント）も、この考え方に基づいており、アグリゲーターが契約した需要家に設置されている蓄電池などを一括制御することで、需要家間で収入をシェアするものである。

このような仕組みを実現するためには、電力システム側の市場整備も欠かせない。電力システム改革を受けて、容量市場、需給調整市場（調整力公募からの移行）、非化石価値取引市場などが検討・創設されており、これらの市場整備が進むことで流動性が高まり、より市場取引を活性化させることができる。そのためには、VPP や蓄電池などを活用した電力取引が可能となるような技術要件を定めることも必要である。

そのほかにも、市場取引をめぐる政策的課題として、計量法に準拠するための計量メーターの設置コストといった課題なども、ひとつずつ解決していく必要がある。

(2) 持続可能な蓄電池業界の構築

価格や市場以外の蓄電池の普及に向けた課題としては、レアメタルの資源確保が挙げられる。例えば、リチウムイオン電池には、希少金属であるリチウムやコバルトが使われており、今後、蓄電池の市場が世界的に拡大すると、これらの資源の枯渇による価格の高騰が懸念される。また、リチウムの場合は南米や中国、コバルトはDRコンゴなど、それを採掘できるエリアが限られており、資源の権益をどのように確保していくかは、民間企業である部材メーカー、蓄電池メーカーのみでコントロールできるものでない。技術的には、コバルトを使わない蓄電池の開発なども進められているが、国家としての資源戦略も並行して検討を進めていく必要がある。

また、安全性の確保も重要な論点である。スマートフォンやパソコンに搭載されているリチウムイオン電池の発熱・発火の事故などは報道でも複数取り上げられているが、家庭用蓄電池や電気自動車としての普及が進むと、その容量の大きさの観点からもさらなる安全性の確保が必要となる。

蓄電池の市場は、韓国のLGケミカル、Samsung、中国のCATL、BYDなどの台頭が目ざましい。特にスマートフォンやパソコンといった民生用途の分野を中心に技術開発・大型設備投資が進められ、日本の蓄電池メーカーのコスト競争力は、大きく水をあけられているのが実態である。今後、日本メーカーが、これらの海外企業との差別化を図ることができる要素として挙げられるのは、安全性の観点であると考えられる。民生用途では3～5年程度の利用である一方で、電気自動車では7～10年、家庭用蓄電池などの定置用では10年以上の利用が想定されるなかで、長期的な利用のなかでも安全性を確保できる製品のニーズは必ず存在する。差別化要素としてこうした点にフォーカスし、日本市場における規制の在り方、評価の仕組み、標準化に向けた検討が進展することが期待される。

(3) 電気自動車と定置用蓄電池

2050年のCO_2排出量の削減目標を考えると、電気自動車の普及は必要不可欠であるが、電気自動車が普及した世界において定置用蓄電池を設置することは、エネルギー貯蔵として二重投資になるのではないかと言う声がある。電気自動車に搭載されている蓄電池は、日産リーフの場合40kWh又は62kWhという容量である一方で、例えば、家庭用蓄電池は10kWh前後の製品が主流である。確かに蓄電池としては、電気自動車のほうが大容量であり、電力システムへの貢献度は大きいかもしれないが、電気自動車は、常に電力系統につながっているわけではないという課題も存在する。また、定置用とは異なり、外で充電して帰ってくるということも考えられ、必ずしも蓄電池の容量をすべて活用できるとは限らない（図4-10）。

これらの点を考慮すると、定置用蓄電池についても一定のニーズがあるのではないかと考えられる。系統運用者から見た場合、常につながっていること、場所が移動しないことにより、利用しやすい電源として価値が評価される可能性があり、定置用蓄電池は、電気自動車によって代替されてしまうというよりも共存し合う技術であると考えられる。

図 4-10　定置用蓄電池と電気自動車（EV）バッテリーの比較

定置用蓄電池		EVバッテリー
10kWh前後	容量	30kWh以上
常時接続	系統連系	充電時のみ接続
固定	立地	移動先で充放電可
高容量型	電池性能	高出力型

出所：三菱総合研究所作成

4.3.4 エネルギーを水素で貯めるという選択肢

ここまで、将来のエネルギーシステムを支える「エネルギーを貯める」手法として、蓄電池に注目してきたが、エネルギー貯蔵の手段は、もちろんそれだけではない。燃料であればガソリンのような液体、都市ガスのような気体として貯められるほか、蓄熱材のように熱として貯める手法も昔から使われている。しかし、1章に示したとおり、2050年のエネルギーは、再生可能エネルギーを源とした「電気」が主役である。エネルギー貯蔵のなかでも電気を貯める場合には選択肢は限定され、蓄電池以外では「水素」が挙げられる。

水素には、いろいろな役割・期待が寄せられており、水素発電、FCV、燃料電池、再生可能エネルギーの地産地消など、さまざまな文脈で語られる（図 4-11)。原油やガソリンなどの燃料代替として発電やモビリティに使うという燃料としての期待のほか、熱供給源としての期待、電気の調整

図 4-11　水素の幅広い機能

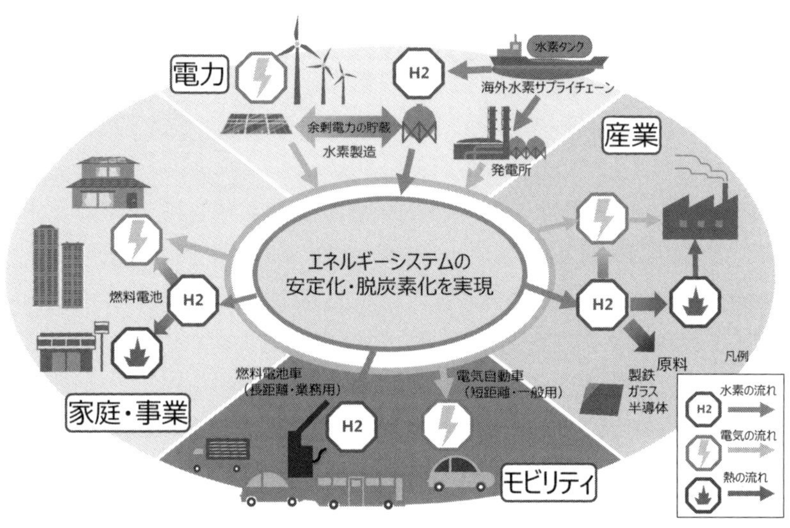

出所：三菱総合研究所作成

力としての期待があり、ここでは、後者を電気の貯蔵手段として取り上げる（燃料としての水素については 4.1.5（2）参照）。

電解装置を使えば、水と電気から、水素と酸素が生成される。また、燃料電池を使えば、水素と酸素から電気と水と熱が生成される。つまり、電気は、電解装置や燃料電池を介して水素に変換することができる。しかも、水素は、必ずしも電気に戻さずとも、前述のとおり燃料としての活用、熱源としての活用という道もある。

電気を水素に変換するメリットは、大量・長期間に貯めやすいことにある。前述のとおり、電気を電気のまま蓄電池に貯めることは可能だが、大容量となるとそれだけコストも過大となり、月単位となると蓄電池には対応が難しい。一方、水素は、適切な貯蔵設備があれば月単位、すなわち季節を跨ぐことも可能になる。

今後、エネルギー源として期待が高まる再生可能エネルギーのうち、天候に依存する太陽光や風力は、季節によってエネルギー供給量が変動しやすい。日照が大きく適度な気温の３～５月における太陽光発電量と梅雨時や真冬の発電量は大きな差が生じるが、需要は必ずしも発電量に追従しない。需要に合わせた電力供給量の平準化を目指す際、季節を超えた貯蔵ができる水素への期待が高まる。

もうひとつメリットとしては、「電線がなくても運べる」ことが挙げられる。水素はガスである。ガスホルダに導入すれば、トラックで運搬可能で、送配電線がない地域でも運搬できる。後述するとおり、水素を運搬するための設備は必要になるが、電気のように電力系統インフラの有無を問わず移動できる点はメリットと言える。

また、輸送においてはメタネーション技術も有効である。これは、再生可能エネルギーなどから製造した水素と CO_2 などに含まれる炭素を結合させ、メタンを製造する技術である。この方法で CO_2 フリー水素から製造したメタンは、化石燃料由来でないメタンとなる。このメタンを都市ガスに混ぜることで、都市ガスを低炭素化することができる。都市ガスの主成分はメタンであり、水素由来のメタンの混入は支障がない。新たに水素輸送インフラを整える必要がなく、また需要家もこれまでのガス機器をそのまま使うことができる手法だ。既存インフラを最大限活用し、CO_2フリー水素を広く普及させる手段として、水素社会の早期実現においても有望な技術である。

以上のような水素の特性から、再生可能エネルギーによる発電量が需要を大きく上回った場合に、捨てるには惜しい電気を水素に変換し、熱や燃料需要に対して供給する、もしくは今後、需要が供給を上回りそうな際に電気に戻して使う、さらには災害時用のエネルギー源として確保しておく、そんな事業アイデアが各所で検討されている。

一方で、電力貯蔵手段としての水素には課題も山積している。国内でさまざまな実証事業が行われているものの、必ずしも事業化フェーズに至る目途がついているわけではない。まず、電気から水素を作る過程、さらに水素から電気に戻す過程、それぞれでロスが生じる。さらに運搬できる様式として、高圧ガス水素、液化水素、有機ハイドライドなどに変換するにあたって再度ロスが生じる。現在、ロスを削減すべく開発が進められているものの、現状では電気⇔水素をやりとりすればするほど、運搬できる形態に変換するごとにエネルギーが縮減していってしまうのは避けられない。

また現状、水素の需要が限定されている点も課題だ。FCVや水素を燃料とした燃料電池などの普及には、利用機器を新たに用意する必要があり、エネルギーキャリアとしての水素供給インフラの構築も必要である。つまり、水素を消費するための設備と、それを使う水素需要家の拡大と、その需要を支えるインフラの両方をそろえる必要があり、普及には時間がかかってしまう。

ひとつの解として、水素を別の物質に転換して既存インフラで使えるようにする、すなわち、水素をアンモニアに転換して石炭火力発電所などで直接利用すること（4.1.5（2）参照）や、先に述べたメタネーション技術が有望である。短時間・低エネルギーでこれらの取り組みが実現すれば、水素のためのインフラをゼロから構築することなく、水素による貯蔵効果を発揮できる期待がある。

2019年3月に経済産業省が発表した「水素・燃料電池戦略ロードマップ」によると、2030年にFCV普及80万台（2020年4万台）、2030年頃に水素発電の商用化が目指されており、2050年には、水素がモビリティのエネルギー源、発電エネルギー源として当たり前の時代になっているかもしれない。水素の需要側が十分に整えば、電力を水素として貯めることの意義は高まり、再生可能エネルギーによる電力供給の調整力として水素が機能する可能性も出てくるだろう。

4.4 既存アセット・インフラの有効活用

2050年のエネルギーシステムでは、再生可能エネルギーが主力電源となる。だからといって、火力発電や原子力発電など、これまで我が国のエネルギーシステムを支えてきた既存アセット・インフラが不要になるわけではない。再生可能エネルギーの変動性などの弱点を補うためにも、既存アセット・インフラは、従来とは役割を変えつつ有効活用されていくことが求められる。

4.4.1 火力発電の有効活用

「はじめに」で触れたとおり、太陽光発電及び風力発電は変動性の再生可能エネルギーと位置づけられており、その出力を蓄電池なくして安定化させることはできない。電力は、常に需要と供給の量を一致させる必要があるため、必要以上に再生可能エネルギーが発電してしまう場合は、他の電源の発電量を抑える必要があり、この役割を担うことができる代表選手が火力発電である。特に天然ガス火力の場合、数分から数十分という時間周期の変動成分への応答性に優れており、短時間で出力が変動する再生可能エネルギーの出力を調整するための役割が期待されている電源である。

4.1にも示したとおり、再生可能エネルギーが主力電源化していくなかで、火力発電は、徐々にその設備利用率を下げ、補完的な電源という位置づけに変わっていく可能性が高い。ただし、既存の火力発電は当面の間、再生可能エネルギーだけでは不足する電力需要を賄う役割や、周波数維持に必要な調整力を供給する役割を担い、電力システムを維持するうえで必要な電源である。設備利用率の低下は、経済性の悪化に直結するため、電源としての競争力が低下する恐れが高い。こうした電源を確保するためには、まずはその経済性悪化を回避させるための措置が必要である。具体的には、待機状態や低負荷状態にある電源に対して、出力を確実に追加できる価値に適切な対価を支払うことが望ましく、そのために容量市場の2020年度における創設や、2021年度における需給調整市場の創設が検討されている。再生可能エネルギーの主力電源化そのものにも先に述べた課題があることから、その進展に対する不確実性を踏まえ、どの時点まで、どれほどの電源設備が必要かを適切に見極め、定期的にレビューを行う仕組みの構築が必要だろう。

なお、中長期的には、脱炭素社会の実現に向けて、天然ガス火力の燃料を再生可能エネルギーから製造した水素やメタンなどのカーボンフリー燃料に切り替えるか、排出する二酸化炭素を分離・回収して地中や海底に貯留するか、その二酸化炭素を製品として活用するといった取り組みが必要となるだろう。

4.4.2 原子力発電の有効活用

4.1.5で触れたとおり、原子力発電は、再生可能エネルギーと同様に発電時に二酸化炭素を排出しないことから、地球温暖化対策上は非常に有効な電源である。ただし、東日本大震災に伴う福島第一原子力発電所の事故をきっかけに、より安全性を確保するために原子力規制委員会が規制基準を大幅に強化した。原子力発電所を運転するには、この基準に適合していることの審査を受け、適合性が確認される必要があり、現時点でも多くの原子力発電所が、この適合性審査を受けている段階にある。これに留まらず、実際に原子力発電所を再稼働させるためには、適合性確認だけではなく、立地地域への丁寧な説明や避難計画の策定など、さまざまな対応が必要な状況にある。さらに、福島県で発生した事故以来、原子力発電に対する国民の信頼は失われてしまい、その信頼回復の道のりはまだ見えていないと言ってよい。こうした厳しい状況にある原子力発電であるが、先に述べたとおり、温室効果ガスの大幅削減を実現するうえでは、技術的には有効な選択肢のひとつである。安全性が確認された原子力発電所については、厳格な運用のもとで稼働させ、既存のアセットを有効に活用することは、電気料金の低減を通じて国民の負担軽減にもつながるものである。

なお、原子力発電には、運転終了後に長期間の廃炉プロセスが必要となる。新規制基準への対応に必要な費用に対して、再稼働後の運転による十分な回収が難しい古い発電所や、複数基の発電所に比べて高コストになりがちな単基の発電所では、廃炉の動きが進んでおり、今後は、廃炉のノウハウが蓄積されていくことが期待される。ただし、発電所を更地に戻せたとしても、使用済み燃料の処分については引き続き課題として残っている。使用済み燃料の再処理工場の稼働は不透明な状況であり、何より高レベル放射性廃棄物の最終処分場については白紙と言ってよい状況にある。こうした課題の解決は、一朝一夕にできるものではないが、国及び発電事業者は、再稼働や新増設のみに人的資源を集中させることなく、並行的に対応を進めるべきであろう。

電力インフラを再構築するには、長い時間を要するものであり、従来型の火力にせよ、原子力発電にせよ、既存のアセットを有効活用することは必要不可欠な取り組みである。こうしたアセットを使い続けることの必要性については、国主導でもって国民に対して丁寧に説明し続ける努力が求められる。また、既存の立地地域は大規模アセットのもたらす経済効果・雇用効果を支えとして成長・維持してきたところもあり、アセットの退役に伴う産業構造の変化に対して、予め備えておくことが必要であり、国は激変緩和措置を検討しておくべきであろう。

4.5 エネルギー構造転換に向けた人材育成

1.2 で触れたとおり、脱炭素社会の実現に向けたエネルギー需給構造の転換のためには、これらを実現するためのインフラなどのハードウェアの整備、新たなビジネスとしてのソフトウェアの開発だけではなく、それらに携わり牽引していく人材を育成していくことが重要である。

4.5.1 課題「解決」先進国になるための人材

我が国は、人口減少や高齢化、資源面での持続可能性、格差の拡大など、さまざまな課題に直面する課題先進国であり、これらの課題を新たな成長のフロンティアとして開拓していくことができる人材を育成することは、課題「解決」先進国への大きな一歩となる。さまざまな社会課題をリスクやコスト要因としてとらえるのではなく、新たな技術開発やビジネスチャンス、構造変革などのきっかけとしてとらえることで、今後求められる人材像を社会で共有し、その育成に向けた投資を進めることが必要である。

COLUMN

職のミスマッチ

三菱総合研究所では、「内外経済の中長期展望　2018-30 年度」[32]において、日本経済全体の人材需給バランスは 2020 年代初頭に最も不足感が高まり、その後はデジタル技術が徐々に雇用を代替することで、

職のミスマッチとFLAPサイクル

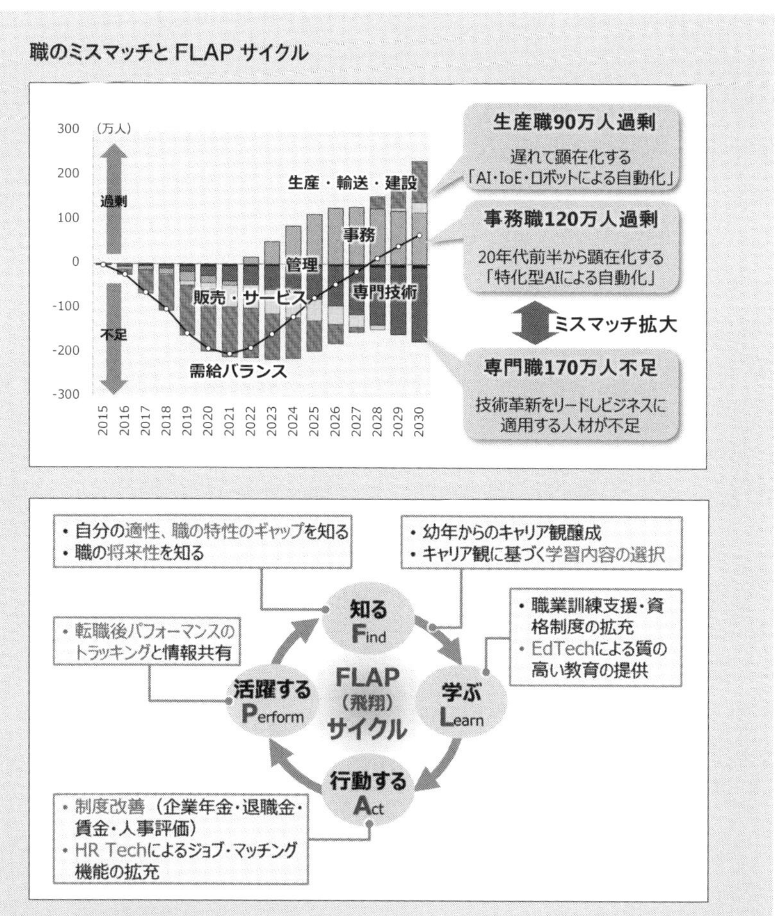

出所：三菱総合研究所作成

2030年にかけて余剰感が強まっていくと予想している。人材需給を職業別にブレークダウンすると、事務系・生産系の職が大幅余剰になる一方で、専門技術職は一貫して不足感が強まっていき、職のミスマッチが顕在化する。

職のミスマッチは、AI・IoE・ロボットといったデジタル技術の進展に応じて拡大する。機械による代替が集中するのは「ルーティン型」のタスクだ。特に、手仕事を含まないルーティン型タスクは早い段階から自動化が進み、手仕事的なルーティン型タスクの自動化は遅れて顕在化する。逆に、デジタル技術を活用する「ノンルーティン型」のタスクは、今後ニーズが高まっていく。ミスマッチ解消の成否は、いかに人材をノンルーティン型タスクにシフトしていくかにかかっている。

ノンルーティン型タスクへのシフトを促すには、職に係る情報を「知り（Find)」、必要な知識・スキルを「学び（Learn)」、志向するキャリアの実現に向けて「行動し（Act)」、「活躍する（Perform)」というFLAP サイクルを形成する必要がある。

4.5.2 エネルギー構造転換のために求められる人材

(1) エネルギー分野におけるデジタル技術者

近年、特に求められている人材としては、デジタルトランスフォーメーションを実現するために必要なエンジニアが挙げられる。ICT 自体は、20世紀後半から普及し、産業のオートメーション化などをもたらしたが、21世紀は、さらに技術が高度化して、さまざまなネットワークでの最適制御や自動化が可能となり、暮らしや産業に大きな変革をもたらすことが予想されている。これは、エネルギーの分野においても同様であり、2章や3章で述べた未来の生活や働き方、産業を実現していくためにはデジタル技術の活用が不可欠である。

また、4.2 で述べたエネルギーマネジメントサービスにおいてもデジタル技術を活用したビジネスを生み出し、運用する人材が必要であり、海外で盛り上がりを見せるスタートアップによる新たな技術開発、ビジネスモデル開発のように、我が国においてもイノベーションを生み出すことができるベンチャー企業を育成していくことも必要である。

(2) 既存の技術の継承者

暮らしや産業と一体となったエネルギーシステムのデジタル化を推進する人材の育成が必要となる一方で、既存の技術を確実に継承していく人材も必要である。4.4で述べたように、未来のエネルギー需給構造においては、既存のアセット・インフラを一定程度活用していくことも必要であり、これらの分野における専門家は今後も重要な人材となる。一方で、特に原子力分野への進学・就職を希望する学生の減少や現場の技術者の高齢化が進んでいる。原子力については、安全確保のためにも高度な技術力を備えた人材の確保や育成が求められているなかで、その人材の枯渇や技術力の継承が損なわれてしまうことは、既存原子力発電所の活用という視点だけでなく、廃炉や廃棄物処理も含めた静脈側の視点からも非常に大きな課題となっている。このような人材を育成・維持していくためには、未来を担う学生や若い世代に対して、国や社会が、その方向性をしっかりと示していくことが重要となるだろう。

(3) 新たな技術やビジネスの創造者

「エネルギーとモビリティ」、「エネルギーと住宅」、「エネルギーと農業」などのように、エネルギーが暮らしや産業と一体となることで、エネルギー単独では持ち得なかった新たな付加価値がさまざまな分野で生まれてきている。また、エネルギーの需要家側においても、そのような付加価値を目的に契約を結ぶ、対価を払うといった意識が普及してきている。

例えば、電力の小売事業者においても、「安く電力を売る」というサービスだけで顧客獲得を目指すのではなく、さまざまなポイントサービスとの連携、他業種のサービスとの連携などが頻繁に行われている。

もちろん、新たなビジネスモデルを実現するための技術開発も必要である。個々の技術に関する詳細は4.6にて後述するが、エネルギーに付加価値を与える技術開発も盛んに行われており、海外においては、社会課題の解決とともに新たなビジネスを可能とする技術を持ったベンチャー企業が多く生まれている。

エネルギー分野における人材育成を考える際には、必ずしもエネルギーを起点に話を進める必要はないのかもしれない。むしろ、エネルギーと組み合わせることでさまざまな社会課題を解決することができるとすると、そのアイデアはまったく異なる分野から生まれてくる可能性のほうが高いとも考えられる。そのため、今後のエネルギー分野の人材としては、新たな技術との組み合わせで事業を計画し、実現する力が重要となるだろう。

4.6 エネルギー構造転換に向けた技術開発

本書では、2050年のエネルギーをめぐる将来像イメージを確認してきたが、これらの将来像は、「現在の延長線上で放っておいても実現できるもの」ではない。再生可能エネルギーの主力電源化を実現するためには、再生可能エネルギーの多様化・低コスト化が必要であることに加え、受け入れる側の電力系統にも新たな対応が必要になる。例えば、新たなモビリティと、それらへのエネルギー供給網を普及可能なコストで実現しなければならない。さらに、需要側と供給側で電力を最適に融通するためのマネジメント技術も必要になってくる。

技術開発は、2050年のエネルギー未来像の実現に不可欠であると同時に、未来像の不確実性を高めるのもまた技術である。

エネルギーを取り巻く脱炭素化のプレッシャーや人口減少に伴うエネルギー需給の在り方の変容に対し、昨今、これまでになく多様な解決策が提案され技術開発が進められている。現在、研究開発が進む多くの技術が選択肢のひとつとして生き残るか、一時期流行した技術として選択肢から漏れていくかは、実用化レベルの量産体制の整備やコスト目標の達成などの課題を解決し、類似技術と遜色ない機能、もしくは当該技術でしか達成できない「ならでは」の効果を生み出せるかによるものである。

1章や2章で示した2050年のエネルギー未来像は、現時点で最も想定し得る技術開発成果を織り込んだものである。しかし、現時点では、その実用化や普及を俄かには想像しづらいが、今後30年間のなかで急激に開発が進捗し、主役の座に躍り出る技術が登場する可能性もある。現時点で想定する2050年のエネルギーの未来像において登場する蓄電池や水素、エネルギーマネジメントについては4.2、4.3で触れたが、ここでは、未来像を大きく変革する可能性を持つその他の技術や、未来像を支える要素技術など、幅広いエネルギー関連技術を取り上げる。

4.6.1 未来エネルギー関連技術は誰が主導するか

(1) 官主導の『脱炭素技術』

未来のエネルギーを支える技術の開発は誰が主導しているのか。日本では、官の主導する国プロジェクトに民が参加する形で進められるのが主流である。エネルギーの分野は、政策によって制度が決まり、市場の様相が決まっていく領域である。そのため、エネルギー政策を先導する官が、それを実現するための技術開発戦略を定めるのは自然な流れである。

さらに、今から2050年までのエネルギー市場の変革は、これまでの30年とは根本的に異なる。従来のインフラを延伸する、効率化する、事故の影響を最小化する類の開発であれば、電力会社やガス会社などのエネルギー業界自身が主導して開発を進められる。しかし、今後30年間は1章に示したとおり、日本のエネルギー需給の姿が大きく変わる過渡期であり、将来の市場環境が見通しづらい。政策や技術、原油価格、脱炭素のプレッシャーなど、非常に多くの変数を含んだ方程式でエネルギー社会像は決まっていく。炭素排出に強い規制がかか『れば』、原油価格がいくら以上にな『れば』、競合技術の開発が遅れ『れば』、市場が拡大するかもしれないという曖昧な市場展望のもと、民間企業が大きな投資が求められるエネルギー関連技術に独自に注力することは難しい。そのため、開発成果の政策への取り込みを視野に入れた官が研究開発戦略を策定し、それに基づいて

図 4-12　エネルギー関連技術の開発戦略などを含む国の計画例

出所：各種資料より三菱総合研究所作成

国プロジェクト予算を設ける形での開発が存在感を増している。

官主導による技術開発は従来、エネルギー基本計画を定める経済産業省（資源エネルギー庁）と、その外郭団体の国立研究開発法人である「新エネルギー・産業技術総合開発機構（NEDO）」が主導し、一部基礎研究は、文部科学省系の国立研究開発法人である「科学技術振興機構（JST）」が実施する形が長く続いてきた。しかし、パリ協定採択に伴う中長期的な脱炭素要請の高まりを受け、2016年ごろより複数省庁を跨る重要事案の調整を担う内閣府の存在感が高まってきた。

2016年以降の国によるエネルギー関連技術開発にかかる代表的な戦略や検討内容を図4-12に示す。特に注目すべきは、2019年末に策定予定の革新的環境イノベーション戦略で、我が国のパリ協定に基づく長期戦略の一部を担う技術開発ロードマップとなるはずである。

エネルギー・環境技術のポテンシャル・実用化評価報告書　経済産業省・文部科学省、2019年6月[33]

エネルギー・環境分野の主要な革新技術のうち、CO_2排出量の大幅削減に貢献する技術を抽出し、現状把握や課題確認のうえ、実用化に向けた長期的な研究開発の方向性などが検討会形式で議論され、2019年6月にその結果が取りまとめられた。後述する革新的環境イノベーション戦略の足掛かり資料とされることが予想される。

具体的には、水素、CCUS、再生可能エネルギー・蓄エネルギー、パワーエレクトロニクスの4分野を取り上げ、各々について今後、注力すべき開発テーマなどについて方向性を提示している。

加えて、この報告書では、エネルギー・環境技術の実用化に向けた研究開発の在り方として、ユーザーなどのニーズを重視した技術課題設定、複線的な研究開発アプローチでの技術間競争と成果が見込まれるものへの重点化、技術レベルを見極めたうえでの資金面での支援などの共通課題を挙げている。

カーボンリサイクル技術ロードマップ　経済産業省、2019年6月[34]

資源エネルギー庁は、CO_2排出大幅削減の選択肢としてCO_2の分離・回収や利用に関する技術が有望とし、そのイノベーションを推進するために2019年2月にカーボンリサイクル室を新設している。さらに、同年6月にはCO_2を燃料や原料として利用するカーボンリサイクルについて技術ロードマップを策定した。このロードマップも、エネルギー・環境技術のポテンシャル・実用化評価報告書と同様、後述する革新的環境イノベーション戦略のベースとなるものと考えられる。

カーボンリサイクル技術のイノベーションを加速すべく、CO_2を資源として利用可能な物質ごとに技術の現状・コスト低減に向けた課題などを明確化し、技術進展のステップや2030年・2050年のコスト目標を設定している。

具体的には、CO_2の利用用途として、化学品、燃料、鉱物、その他の4つを挙げ、それぞれの課題と、2030年と2050年以降のターゲットを示している。

革新的環境イノベーション戦略　経済産業省・文部科学省、2020年1月[35]

2019年4月に安倍首相から以下の発言があったことを受けて策定された。

本戦略は、パリ協定の2℃目標実現に向けた、イノベーションによる日本の貢献として発信されることが予想され、官主導による新たな技術開発の指標となると想定される。

> 気候変動という地球規模の課題に立ち向かい、脱炭素社会という究極のあるべき姿を実現するためには、従来の延長線上ではない、非連続的なイノベーションを起こさなければなりません。
>
> 本日のご提言を踏まえ、政府として本年中に、革新的環境イノベーション戦略を策定することとし、早速その検討に着手いたします。水素エネルギーのコストを2050年までに現在の10分の1以下、すなわち、天然ガスよりも割安にする。さらには、人工光合成など二酸化炭素の有効利用を図るCCU技術の商用化に向けた具体的なロードマップなどを盛り込んでまいります。
>
> パリ協定長期成長戦略懇談会　第5回での安倍首相発言（抜粋）

(2) ベンチャーが提案する『クリーンテック』

官主導の国プロジェクトを中心とする技術開発のほかにもうひとつの潮流がある。ベンチャー企業によるエネルギー領域へのデジタル技術適用である。デジタル技術を駆使した新ビジネスを提案するベンチャーは、米国西海岸を発祥地として1990年代から注目されているが、それが脱炭素エネルギーや環境分野に派生したものが『クリーンテック』と呼ばれる技術群である。特にデジタル技術を用いたエネルギー制御などの領域で、これ

図 4-13　ベンチャーが提案するデジタル×エネルギーのソリューションの例

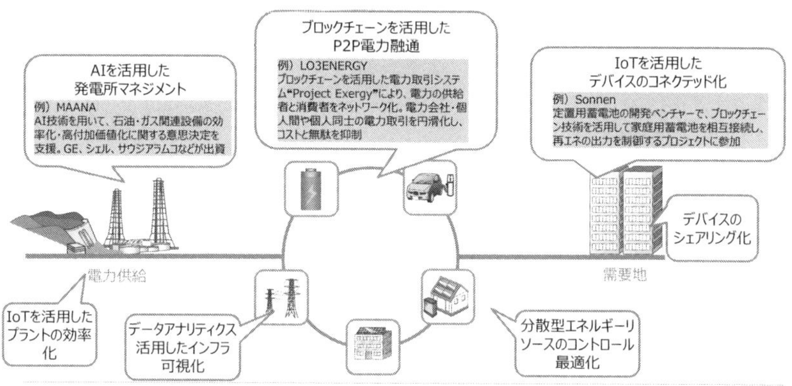

出所：各種資料より三菱総合研究所作成

らクリーンテックベンチャーとエネルギー業界を含む多様な業種の大手企業の連携（オープンイノベーション）による新たなエネルギー技術の社会実装が進む機運が生じている。

1990年代から米国西海岸シリコンバレーを中心にIT系のベンチャー企業が勃興してきたのは有名である。起業家意欲にあふれるIT系人材が集まる彼の地では、自由な発想で多様なベンチャーが生まれ、日本企業をはじめとする大企業は、これらベンチャーとの連携をオープンイノベーションの掛け声のもとに進めてきている。

ベンチャーのなかには、デジタル技術をエネルギー領域に適用する「クリーンテックベンチャー」があり、2000年代初頭から出資規模は増加傾向にある[38]。デジタル技術をエネルギーに適用することで彼らが提供しようとするのは、図 4-13に示すように、再生可能エネルギーを中心とするエネルギー分散化、デジタル化によるエネルギーマネジメント効率化、蓄電池を中心とするエネルギーのフレキシブル化に資するものが多い。

2010年頃より欧米の大手エネルギー会社は、これらエネルギー領域のベンチャーに対しての出資を拡大してきたが、近年は、日本の電力・ガス会社によるベンチャーとの提携も増えている。ベンチャーが得意とするデジタル×エネルギーのソリューションは、ハード（発電所、送配電網など）の開発・維持管理を長年の生業としてきた大手エネルギー会社やモノづくり企業が苦手とする分野であることが多く、これらの大手企業においては、ベンチャーのスピード感ある開発成果を出資、業務提携などの形態で取り入れようとする動きが加速している。

また、近年では、米国西海岸のみならず、イスラエル、さらに国内でもクリーンテックベンチャーが誕生しつつある。

4.6.2 エネルギー未来像を支える技術候補

4.6.1に示した国による技術開発戦略やロードマップ、国プロジェクトで挙がる技術はほぼ「常連」になりつつある。これまで多くの脱炭素に資するエネルギー技術を発掘し、実用化可能性を検証するような調査事業が行われてきた結果、現在、国内外で開発段階にある多くの技術が国による検討の土俵にあがってきた印象である。

ここでは、代表的なエネルギー関連技術開発の動向を紹介しよう。

(1) 創エネ～ CO_2 を出さずにエネルギーを創る～

2050年のエネルギー未来像の主役となるのは、発電時に CO_2 を排出しない再生可能エネルギーである。再生可能エネルギーのうち、太陽光は、既に国内電力供給の５％以上を占めるまでに市場に浸透し、近年は風力、特に洋上風力の市場導入の機運が高まっている。現実的な選択肢が出そろいつつある昨今、研究開発では、太陽光や風力などの既存再生可能エネルギー技術の革新的低コスト化のほか、海洋エネルギーや地熱などの新たな選択肢の確保に向けた開発が進められている。

次世代太陽光発電

現在、市場に出回っている太陽電池は、結晶シリコン製のものであるが、これを新素材・新構造のまったく新しいものとすることで、発電効率の大幅向上、基幹電源並みの低コスト実現を目指す開発である。次世代太陽光発電開発は、従来よりNEDOが先導しており、NEDOの太陽光開発戦略では、2030年に7円/kWhの発電コストを目指すとしている。

例えば、ペロブスカイト太陽電池は、基板に塗布することで製造できるため、製造コストが安価で変換効率も年々向上しており、既存太陽電池と遜色ないレベルが期待されている。実現すれば屋根だけでなく、窓や外壁、車両、テントに塗布するなど新たなエネルギー供給形態を可能にする一方、大型化や耐久性、鉛の含有などが課題となっている。世界的に見ても日本がリードしている分野で、東京大学や国立研究開発法人物質・材料研究機構などの研究機関のほか、NEDOの研究開発プロジェクトにおいてパナソニックや東芝などが参加して近年開発が加速している。

このほかにも、フレキシブル結晶シリコン、フレキシブルGaAs、色素増感、有機薄膜といった次世代太陽電池が提案されているが、既に結晶シリコン系を中心とした太陽電池の供給体制整備が先行しているなか、次世代太陽電池は、既存太陽電池とは競合しない市場領域、例えば、建材一体型などから導入が始まると予想されている。

次世代地熱発電

火山国である日本において地熱は、有望な再生可能エネルギーであるにも関わらず、2019年5月に23年ぶりに秋田県で大規模地熱発電所の営業運転が再開されたところであり、活用は進んでいない。日本の地熱ポテンシャルの約8割が国立公園内に賦存し、周辺が温泉地となっている場合も多いことから環境規制や地元産業との共存が課題となり、ポテンシャルのうち5～6％程度しか開発できない[39]うえ、試掘を含め開発期間が非常に長く、開発できても出力が減衰するリスクもある。このようななか、NEDOでは、2017年に従来の地熱発電より深い地下空間での高温岩体発電や超臨界地熱発電を提案し、2050年の実用化を目標にしたチャレンジを進めている。

我が国には、マグマに近い領域にプレートの沈み込みに起因する超臨界状態の高温・高圧水の貯留層が賦存していると考えられており、これを利用した大規模発電が超臨界地熱発電ある。地震波解析などによると、例えば、東北地方には、50以上存在する数百万年前の古い火山の地下に超臨界水が存在すると考えられる。ここに高温・高圧に耐えられるパイプを挿し込み、地上まで吸い上げ、発電を行うことが検討されている。地下の超臨界水の位置や規模を正確に把握する技術の確立、長期的な環境等影響評価、過酷環境に耐えられる材料・機器開発など、課題は山積しているが、2020年頃に試掘、2030年にパイロットプラント、2050年の実用化を目指す壮大な開発計画「島弧日本のテラワットエネルギー創成先導研究」が進められている。

海洋エネルギー

海に囲まれている日本は、波エネルギー、潮流エネルギー、海流エネルギー、表層と深層の温度差エネルギーを豊富に有している。これらのエネルギーを利用して発電する波力発電、潮流発電、海流発電、海洋温度差発電の実用化・商用化に大きな期待が寄せられ、半世紀以上にわたり技術開発が続けられてきた[40]。波力発電や潮流発電は英国・スコットランドが開発を先導し、海流発電や海洋温度差発電は日本が先行している。

海洋エネルギーのメリットは、太陽光や風力と比較して発電が安定している点が挙げられる。季節変動はあるものの、波は絶えることがなく、潮流は規則正しい流れを繰り返し、海洋温度差は安定的に存在する。風力や太陽光に海洋エネルギーを加えれば、風が吹かない時間帯や日が照らない時間帯にも発電ができるため、システム全体としての安定性を向上することができる。

海洋エネルギーの課題は大きく下記3つに分けられる。

・技術的課題（発電効率の向上、機器の信頼性の確立）

・経済的課題（装置、設置、メンテナンスにかかる費用の削減）

・社会的課題（海洋生物などへの環境影響が未知数、漁業との共生策の必要性）

実用化にあたっては、まず技術的課題と経済的課題を克服し、他の再生可能エネルギーに対する優位性を向上する必要がある。洋上では、陸上よりも厳しい環境に晒されるため、躯体を頑強にするなど、機器の故障を防止するための技術的対応が強く求められるが、これはコストの増大とトレードオフの関係にある。また、陸上に比べて工事費もメンテナンス費もかかることから、発電コストを下げていくためには、発電効率を向上させ、発電容量あたりの発電量を増大させる必要がある。また、導入にあたっては、海洋生物に与える影響や漁業に与える影響について検証し、影響を最大限に抑える技術的工夫をしながら、地域と共生する電源として受容性を高めていく必要がある。

既に波力発電を用いて商品化されている機器として、海上ブイがある。海上ブイには、振動水中型という、波が上下動するエネルギーを電気に変える方式の波力発電装置が組み込まれており、海底送電線がない場所でも電気を灯し、海上の安全確保に貢献している。また、海外においては、防波堤施設の中に振動水中型の波力発電装置を設置し、電力供給を行っている事例がある。つまり、現状、高コストな海洋エネルギーであっても、洋上のオフグリッド環境における小規模な電力供給や、防波堤などの洋上設備における電力供給には優位性を発揮することができる。

小型モジュール炉（SMR）

CO_2を排出しないエネルギー供給方法としては、再生可能エネルギーのほか、原子力も該当する。2011年3月11日の東日本大震災による福島第一原子力発電所事故を経験した日本では、原子力発電に対する国民の懸念はいまだ強く、2018年7月に閣議決定された第5次エネルギー基本計画では、「原子力については安全を最優先し、再生可能エネルギーの拡大を図る中で、可能な限り原発依存度を低減する」方針が示された。しかし、その一方で、「小型モジュール炉や溶融塩炉を含む革新的な原子炉開発を進める米国や欧州の取組も踏まえつつ、（中略）多様な技術間競争と国内外の市場による選択を行う等、戦略的柔軟性を確保して進める」ともしており、SMRを含めた原子力技術開発は、日本においてもひとつの選択肢となっている。

一般的に電気出力30万kW以下として定義されるSMRは、その名のとおり核分裂を起こす炉心や、タービンに蒸気を送るシステムなどを、小型の発電モジュールに一体で納めることを特徴としている。この発電モジュールは、工場で組み立て、トラックなどに載せて運べることから、従来の大型原子力プラントに比べると、建設にかかる初期投資を大幅に抑制できる。想定外の災害発生で原子炉を冷却する電源や追加的冷却水が途絶したり、運転員による操作ができなくなったとしても耐え得る安全設計（受動安全）を志向しており、安全面でも従来炉から大幅に向上させることを目指している。

世界的には、特に原子力導入国を中心に、脱炭素に向けたエネルギー供給の打ち手として、上記の特徴を有するSMRへの注目が集まっており、米国やカナダ、英国を中心に開発競争が加速しているとともに、中東や東南アジアなどでは、導入検討が行われている。

SMRの用途としては、日射や風などの強さに左右される再生可能エネルギーの出力変動に対する調整電源として、また、電力供給網が未発達の地域の電源として、分散配置する使い方も念頭に置かれているだけなく、海水脱塩や産業熱利用などへの適用も検討されている。

(2) 蓄エネ～エネルギーを貯める・融通する～

2050年において、太陽光や風力の変動性再生可能エネルギーが主力電源化しているとすれば、エネルギーを上手に貯めて、必要なときに必要な場所に融通するための技術が確実に求められる。エネルギーマネジメントについては4.2、エネルギーキャリアとしての蓄電池や水素については4.3にて述べていることから、ここでは省略するが、より効率的な蓄電池、より無駄のないエネルギーの調整技術など、開発競争が激化している領域である。

(3) 省エネ〜エネルギーを効率的に使う〜

2050年においては、再生可能エネルギーが主要なエネルギー源になっていることが期待されているが、それとて導入ポテンシャルには一定の制約があり、また極力追加投資なく新たなエネルギーシステムを実現すべきと考えると、エネルギーの需要側の抑制、すなわち省エネが継続して求められる。各分野に適した省エネ技術の開発が行われているほか、幅広い分野への省エネ貢献が期待できる技術として、超電導や次世代パワーエレクトロニクスなどシステムを構成するコア技術革新による電力損失を大幅に削減する技術や、エネルギーを大量に消費する素材の生産プロセスにおいて高温高圧を使わない技術などが挙げられ、国プロジェクトによる開発が進められている。

高温超電導

ある物質を冷却していくと、突然その物質の電気抵抗がゼロになる超電導現象が発見されたのは20世紀初頭のことである。電気抵抗がゼロとなれば、ロスのない送電ケーブルが実現できることになるが、マイナス273℃近くの非常に低い温度でしか発現しないため実用化に進めなかった技術である。

近年、比較的高い温度帯（マイナス173℃程度）でも超電導状態となる物質が発見され、実用化可能性が徐々に見え始めている。比較的高いといっても液体ヘリウムや液体窒素での冷却が必要となるが、冷却にかかるコストと、送電ロス削減効果の見合いで今後、大容量送電線を中心に実用化が進むことも期待される。

また、NEDOでは、高温超電導技術を電力分野の送電のみならず、鉄道への送電線、さらに磁気共鳴画像装置（MRI）への適用も目指しており、幅広い分野での革新的省エネの実現が期待される。

革新的生産プロセス

現状、素材を生産する化学プロセスの多くが高温高圧条件下で進められており、加熱・加圧に多くのエネルギーが消費されている。特に、目的物をそれ以外の物質から分離精製する工程では、熱と圧力の投入が大きい傾向にあり、これらの分野では、CO_2排出削減の難易度が高いとされてきた。

この課題に対して、膜による分離プロセスを導入する、高度な触媒を開発して少ない原料とエネルギー投入で目的物をピンポイントで作れるプロセスを開発する、分離精製工程で投入した熱を回収して再利用するなどの解決策が提案されている。

例えば、特定の化学プロセスを進行させる触媒は、従来は関連する特許や論文などをもとに触媒を設計し、何度も何度も微調整と実験を繰り返して試行錯誤しながら最も効率の良い触媒設計に近づけていくという多大な労力とコスト、時間を要する職人芸的な開発が進められてきた。近年、国立研究開発法人産業技術総合研究所の触媒化学融合研究センターでは、NEDOプロジェクト「超先端材料超高速開発基盤技術プロジェクト（平成28～33年度）」の一環で、触媒反応の収率をAIで予測する技術を開発[42]した。今後、AIによって、短期間で目的物に応じた最適な触媒設計が自動発見できるようになれば、短期間で圧倒的に省エネなプロセスを見出すことができるかもしれない。

(4) カーボンリサイクル～ CO_2を回収して閉じ込める／有用物を作る～

ここまでは、エネルギーを作り、貯蔵・流通し、使うといったエネルギーに直接アプローチする技術群であったが、ここでは、エネルギーには直接アプローチしないものの、2050 年のエネルギー未来像に大きく影響を及ぼす技術テーマとして、CO_2を回収・分離、貯留もしくは使用するといった、いわゆる CCUS（Carbon Capture, Utilization and Storage）の技術を取り上げる。発電所や鉄鋼プラント、化学プラントなどの生産現場から発生する CO_2を回収して貯留・使用することが安価に簡単にできるようになれば、エネルギー市場に対する脱炭素化の圧力は弱まり、４章に示したような脱炭素を前提としたエネルギー未来像に変化が生じる可能性がある。

これまでは、回収した CO_2を地中に貯留する CCS が脱炭素化の切り札として世界的に期待されてきたが、近年、日本では、特に CO_2を回収して利用する CCU に注目が集まっている。CCS はコストにしかならないが、CCU では CO_2に付加価値をつけることが可能である。特に、CO_2を回収して化学品や燃料、鉱物などに変換して利用する技術は「カーボンリサイクル」と呼ばれ、2019 年６月に経済産業省が主導して技術開発ロードマップが策定された。経済産業省には、カーボンリサイクル室も同年２月に設立されており、今後、開発が加速する領域と想定される。

これら CCUS 技術は、CO_2の排出に対して強い罰則や課金がなされる前提で導入されると期待されるが、CO_2に対する国際的枠組み、排出量取引の制度設計などが進まない限り実用化の道筋が見えにくい点が課題である。

CO_2 分離・回収技術

CO_2を貯留するにしろ、利用するにしろ、まずは CO_2が発生している場所（発電所や製造工場の排気ガスなど）で CO_2を分離・回収する技術が必要となる。当然、発電所などからの排気ガスには CO_2以外の成分が含まれており、排気ガスからCO_2だけを選択的に分離・回収しなければならない。

分離・回収技術には、化学吸収法（アミンなどの溶剤を用いて化学的にCO_2を吸収させて分離する方法）、物理吸収法（高圧をかけてCO_2を物理的に吸収させる方法）、固体吸収法（固体材にCO_2を吸収させる方法）、膜分離法（CO_2を選択的に透過する膜を用いて分離する方法）などがあり、排気ガス中CO_2濃度や物性に応じて最適な方法が選択される。現状、発電の排気ガスなどで最も実用例が存在するのは化学吸着法であるが、設備・運転コスト及び所要エネルギー削減に向けて、その他手法の開発が加速している。本分野では、CO_2を含む排気ガスを排出する側の電力会社や鉄鋼メーカーのほか、川崎重工業、東芝などのエンジニアリング会社が主なプレーヤーとなっている。

なお、近年になって、大気中からCO_2を直接吸収分離しようというDAC（Direct Air Capture）をはじめとして、大気中に既に蓄積されているCO_2をさまざまな手法で回収しようというネガティブ・エミッション技術に注目が集まりつつある。これまでも海外中心に研究は行われてきたものの、夢の技術として扱われてきたものが俄かに現実味を帯びて語られるようになってきた。パリ協定の「2℃目標」または「1.5℃目標」の実現には、出てくる炭素に対策を打つだけではなく、既に蓄積している炭素も固定化する必要があるということだろう。これらのネガティブ・エミッション技術について、まずはLCA視点でのCO_2削減効果などの客観的評価をもとに、そのポテンシャルを検証することが必要であろう。

CCS

分離・回収したCO_2を地中に貯留するCCSは既に実証段階にあり、世界各国で実証事業が行われている。日本では2016年より北海道苫小牧市にて、製油所から排出されたガス中のCO_2を地中に貯留する大規模実証を進めている。各国ともに実証を繰り返しながら、世界全体での

CO_2排出に対するチャージの仕組みづくりや排出量取引の枠組みの確立を待っている状況と言える。IEA 報告書では、『２℃目標』達成には2030 年に約 20 億ｔ／年、2050 年に約 80 億ｔ／年の CCS 実施が必要と推計しており、いずれ脱炭素プレッシャーの高まりに応じて一気に市場が創出される可能性がある。

なお、CCS については、技術開発以上に適地の確保が課題ともいわれ、環境省・経済産業省連携事業として二酸化炭素貯留適地調査事業を進めており、2021 年度までに１億ｔ以上の CO_2を貯留可能な地点を国内で３地点選定する予定となっている。

カーボンリサイクル

CO_2を資源としてとらえ、分離・回収して化学品や燃料、鉱物、その他の有用物に変換して再利用を図るとともに、大気中への CO_2の排出を抑制する技術である。前述のとおり、近年、経済産業省主導による技術ロードマップが策定されるなど、我が国で関心が急拡大している技術領域である。

カーボンリサイクル技術ロードマップ（図 4-14）では、2030 年までに化学品（ポリカーボネートなど）、液体燃料（バイオジェット燃料など）、コンクリート製品（道路ブロックなど）での CO_2資源利用を目指し、2050 年には、より需要の多い汎用品に各分野で用途拡大を図るとしている。これらの開発は、JST が運営する「SIP 脱炭素社会実現のためのエネルギーシステム」をはじめ、NEDO でも関連プロジェクトが行われてきたほか、今後はロードマップに基づいて経済産業省カーボンリサイクル室を中心に開発が加速するものと想定される。

多くのカーボンリサイクル技術は化学反応による有用物への変換であるが、いかに低コストかつエネルギーをかけずに、また、安価で CO_2フリーの他原料を確保しつつプロセスを進行させるかが鍵となる。

特に、化学品や燃料を目指す多くのルートでは安価で CO_2フリーの水素が必要となり、水素供給体制の確立と歩調を合わせた開発が求められる。

図 4-14　カーボンリサイクル技術ロードマップ

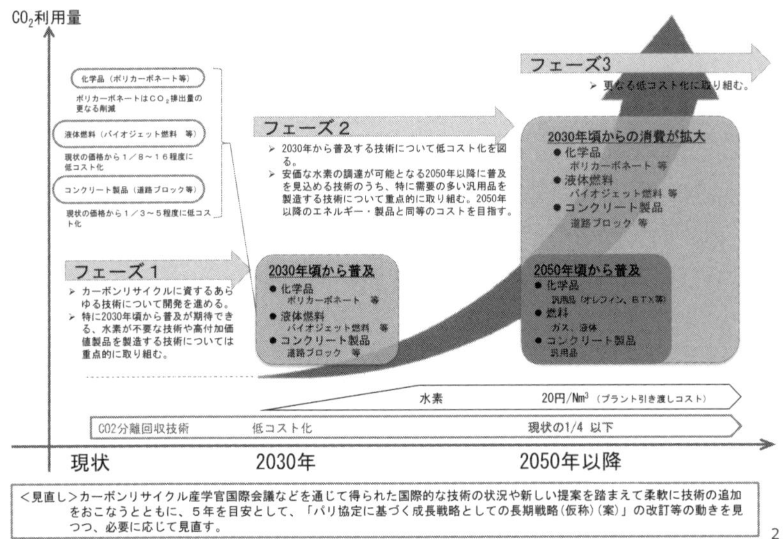

出所：「カーボンリサイクル技術ロードマップ」令和元年６月、経済産業省・内閣府・文部科学省・環境省
https://www.meti.go.jp/press/2019/06/20190607002/20190607002-1.pdf

4.6.3 2050 年エネルギー未来像を見据えた技術開発の進め方

(1)「どの技術に投資すればいいか?」に対する答え

上述のとおり、近年、2050 年のエネルギー未来像を支える技術になるべく、多種多様な基礎研究、応用研究、実証開発が各所で進められており、百花繚乱の状況にある。多くの民間企業における研究開発企画のご担当者に聞かれるのが、「さまざまなエネルギー関連技術が出ているが、当社は、どの技術に投資すればいいか？」という問いである。大変申し訳ないことに、この問いに対して「コレに投資すべき」という回答はない。

今後 30 年間は、日本のエネルギー需給の姿が大きく変わる過渡期であり、将来の市場環境が見通しづらい。政策や技術、原油価格、脱炭素のプレッシャーなど、非常に多い変数の方程式でエネルギーの未来像は決まっていく。賭けで研究開発を行うには、一つひとつの研究テーマの必要投資額は大きく、開発期間は長すぎる。

言えることは、ポートフォリオを意識してひとつの研究開発テーマに投資を集中させないこと、自社事業との親和性や期待できる市場サイズ感をもとに有望技術を複数見出すこと、市場創出の変革点（何が、どうなったら市場ができる・できない）を認識したうえで、適時投資配分を柔軟に調整していくことである。鵜飼いのように、各所に鵜を放っておき手綱を握る。「行ける」となれば手綱を絞ってそちらに注力する。民間企業には、そのような戦略的かつ柔軟な開発戦略が求められる。

(2) エネルギー関連技術の開発に挑むために

エネルギー関連技術の多くは2030年、さらには2050年と超長期の実用化を目指している。しかも、今後の市場環境や技術間競争の結果によっては、未来のエネルギー技術の選択肢として生き残れない可能性もある。エネルギーという壮大な市場を相手にしている分、投資規模も大きく、民間企業にとっては悩ましい研究開発投資対象であろう。

ひとつの解として「複数の技術テーマに分散して投資する」ことを前章で提案したが、では、「投資する」とは具体に何をすればよいのか。

この分野は、国プロジェクトが数多く動いている。自社資金を抑制しつつ、当該分野のキーパーソンとのネットワークを確立し、技術開発に関与するには、こうした国プロジェクトに参画することが近道となろう。事前に大学などの研究者とともに研究開発プロジェクトのアイデアを持って国に提案することも可能だし、メンバーが公募されている研究開発テーマに手を挙げることや、既に動いているプロジェクトについて実施者に連絡を取って連携の可能性を探るなど、国プロジェクトを軸にした研究開発への関与の方法は数多くあり得る。

次世代のエネルギー関連技術の開発を主導する研究機関・民間企業は多くの場合、「一緒に取り組んでくれる仲間」を探している。もちろん1社（1機関）当たりの投資を小さく収めたいという考えもあろうが、次世代技術であればあるほど社会実装に向けて幅広い商流や顧客ネットワークを確保したいとの意向もあるように思われる。

また、4.6.1に示したような、クリーンテックベンチャーとの連携も考えられる一手である。ビジネスアイデアコンテストなどの大掛かりなオープンイノベーションに向けた取り組みもあり得るが、起業家支援組織が主催するオープンな交流イベントの機会[43]を活用して、こうしたベンチャーを知る機会も増えてきた。なお、ベンチャーとの連携には買収のみならず、業務提携やライセンス供与、共同研究などの多様な選択肢がある。前述のとおり、この市場領域は、将来に対する透明性が低いことを前提に無理のない連携方法を模索することが望ましい。

〈緊急追補〉

新型コロナウイルスによる
電力需要への影響

本書では、2050年の日本を想定して、働き方やモビリティなどの生活の変化が将来のエネルギー需給構造へ与える影響について考察してきた。ところが、執筆終盤の2020年の春においてエネルギー需給構造へ大きな影響を与える問題が生じている。

それは、新型コロナウイルスの世界的な流行である。世界中で猛威を振るっている新型コロナウイルスは、我々の生活に外出の自粛やテレワーク実施などのさまざまな変化を生じさせている。

そこで、緊急的に本稿ではエネルギー需要のなかでデータの速報性に優れている電力需要に注目し、現在生じている新型コロナウイルスによる影響を紐解くとともに、将来の電力需要への影響についても考察したい。

新型コロナウイルスによる生活の変化は、電力需要にどのような影響を与えると考えられるだろうか。電力需要は、①工場の生産機械などに使われる産業部門、②オフィスや商業施設などの空調や照明などに使用される業務部門、③我々の自宅で使用される家庭部門——３部門が主な構成要素となっている。なお、2018年度は電力総需要の33％が産業部門、35％が業務部門、30％が家庭部門であった。残りは鉄道を中心とする運輸部門であるが、わずか２％と全体への影響は軽微であることから、ここでは主要３部門に着目した。

新型コロナウイルスの流行による各種の自粛や休業などの要請は、工場やオフィス、商業施設の閉鎖・営業の縮小を生じさせている。そのため、産業部門と業務部門の電力需要は平時に比べて減少していると考えられる。一方、テレワークや外出の自粛により、平日の日中であっても在宅している人が増えている。そのため、家庭部門では、これまで電気の使用が少なかった時間帯の電力需要が増加していると考えられる。

次頁の図は、日本（東京電力パワーグリッド管内、以下、東電ＰＧ管内）、イタリア北部及び米国ニューヨーク州の３地域における、新型コロナウイルスの影響を受けた期間の平日１日ごとの電力総需要の増減率を示している。東電ＰＧ管内とともに、大規模なロックダウン（都市封鎖）を実施し

新型コロナウイルスによる平日の電力需要への影響

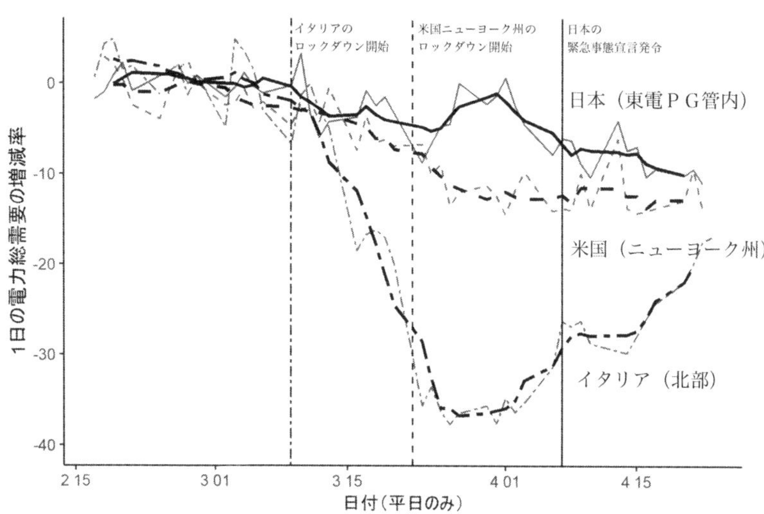

※薄い線が平日１日ごとの電力総需要の増減率、濃い線が増減率の５日単純移動平均線を示している。
出所：東京電力パワーグリッド、New York ISO、ENTSO-E、気象庁、NNDC Climate Data Online の公表データより三菱総合研究所作成

たイタリア北部と米国ニューヨーク州を比較対象として取り上げた。

横軸は日付で、新型コロナウイルスによる影響が比較的小さかった2020年２月15日から執筆時の直近の同年４月22日までを示している。縦軸は、気温の違いを考慮した電力総需要の減少率を示している。３地域ともこの時期は気温によって暖房の使用が左右され、１日の電力総需要は変化する。そのため、単純に比較すると新型コロナウイルス流行の影響で減少しているのか、気温が暖かくなってきたから減少しているのか判断できない。

そこで、過去３年分の同時期の日平均気温と１日の電力総需要のデータから、2020年の各日の日平均気温に応じた１日の電力総需要の予測値を計算し、予測値と実測値の比を用いることで増減率を求めた。なお、学校などの春休みによる影響を排除できていない点や、予測値には一定の誤差

が含まれている点に留意が必要である。

早期から爆発的な感染が生じ、2020年3月9日からロックダウンが実施されたイタリアでは、ロックダウン開始以降に急激な電力需要の減少が生じ、一時は約40％減まで落ち込んでいる。同年4月14日以降からは一部の業種に対して緩和措置が取られたため若干の回復傾向にあるが、依然として他2地域と比べて減少率が大きい状態にある。米国ニューヨーク州でも同年3月22日のロックダウン開始以降に減少が生じ、10％前後の電力需要の低下が確認できる。日本では同年3月以降から減少は生じているものの、他国と比較して緩やかであり、緊急事態宣言以降でも10％弱の低下に留まっている。

3地域とも減少傾向にある理由として、経済活動の停滞による産業部門と業務部門の電力需要の落ち込みが、家庭部門の電力需要の増加分を上回っていると推測される。また、3地域で電力需要への影響度合いに違いがみられた理由として、新型コロナウイルス対策の対象範囲や強制力の有無が挙げられる。一番影響の小さかった日本では、緊急事態宣言の根拠法である新型インフル特措法に基づく各種の要請に対し、違反者への罰則がなく、自粛要請の対象は不要不急の業種（東京都では運動・遊技施設など）に限定されている。米国ニューヨーク州では、違反者に罰金が科される強制力を伴った対策が実施され、不要不急の業種に対して閉鎖を要請している。一番影響の大きかったイタリアでは、必要不可欠な業種を除いたすべての企業活動に対して、強制力の伴う対策が実施されている。これらの対策の違いが、電力需要の減少率の大小に関係していると考えられる。

今回の分析対象とした東電ＰＧ管内の電力需要データは、産業部門、業務部門、家庭部門等を含む総計であるため、現時点で産業部門や業務部門で減少傾向がみられるのか、一方で家庭部門では増加傾向がみられるのか、実際に確認することはできない。しかし、1日の中で電力需要がピークとなる時間帯に注目すると、家庭部門や業務部門への影響についての示唆が得られる。次頁の表は3～4月における東電ＰＧ管内の各時間の電力

3月1日〜4月30日の平日における各時間の電力需要ピーク日数の割合

ピーク時間	2017	2018	2019	2020
	割合（%）			
9時	9	18	13	30
10時	4	16	10	16
11時	9	3	8	14
13時	2	0	0	0
14時	4	3	0	0
17時	4	0	0	0
18時	68	61	69	41

※2020年は3月1日〜4月22日までのデータを使用している。
出所：東京電力パワーグリッドの公表データより三菱総合研究所作成

需要ピーク日数の割合を示している。例年のこの時期は18時台に1日のピークを迎えることが多く、6〜7割の日は18時台にピークとなる。一方、新型コロナウイルスの流行した2020年では、18時台に電力需要ピークを迎えた日の割合が約4割に減少し、朝の9時台にピークを迎えた日が約3割に増加している。

例年の3〜4月は、帰宅後の照明使用や空調の立ち上げなどによって家庭部門の電力需要が増加することが影響し、18時台に電力需要ピークを迎えることが多い。一方、2020年は、テレワークや外出自粛によって、朝から継続的に照明や空調を使用する家庭が増加し、時間別の電気の使い方に変化が生じた可能性がある。さらに、通常であれば夕方以降に電力需要が増加する飲食店や宿泊施設などの稼働が落ち込んだことも影響し、18時台にピークを迎える日が減少し、9時台にピークとなる日が増加することにつながった可能性がある。

ただし、今回確認されたピーク時間帯の変化が本当に上記のメカニズムによるものかどうかは、部門別の電力需要パターンを把握し、検証する必要がある。なお、一般的にこの時期は比較的空調需要が少ないとされている。本稿の執筆時には緊急事態宣言が2020年5月末まで延長されることが決定となったが、仮にテレワークの活用などを基本とした新たな生活様式が定着した場合、空調需要が多い夏季の電力需要に与える影響は、今とは異なるものとなる可能性もあるだろう。

以上、新型コロナウイルスの流行による各種の自粛や休業などの要請は経済活動を停滞させ、電力総需要を減少させる一方、テレワークの実施などによって1日の中での電力需要パターンを変化させる可能性があることを紹介した。

ただし、現時点では、新型コロナウイルスによる電力需要への影響自体、分析の途上にあり、今後もデータの収集・分析を進める必要がある。

いずれ新型コロナウイルスが終息し、経済活動が元通りになるにつれ、電力総需要も例年通りの水準に戻っていくだろう。しかし、今後のエネルギー需給構造が以前とまったく同じ形に戻ることはないと考えている。それは、今回の新型コロナウイルスによる経済活動や人々の暮らしへの影響のなかには、不可逆的な変化も含まれているためである。

例えば、多くの人がテレワークを経験し、企業においてもテレワーク環境の整備が進められたことは、2.1「未来の仕事とエネルギー」で扱った働き方の多様化・分散消費を前倒しで実現していく要因となるだろう。また、自宅で過ごす時間の増加は、2.3「未来の住宅とエネルギー」で触れたスマートハウスの実現やエネルギー融通などの実現を加速させる可能性もある。このような不可逆的な変化は、本書で描いた将来像をより近い未来へと引き寄せる機会にもなると考えられる。その一方で、経済活動の大幅な縮小は、エネルギー分野への設備投資や研究開発を足踏みさせ、三菱総合研究所が想定するエネルギービジョンの実現を減速させる恐れもある。

2050年に向けて、今回のような『不測の事態』が再び生じる可能性は否定できない。おそらく、今後も生じ得る『不測の事態』に伴う生活様式の変化により、イレギュラーな加速と減速を挟みつつも、最終的には本書に示したエネルギー需給の姿に収斂していくと考えられる。

2050年に向かう過程で、『不測の事態』がまた生じることになれば、今回みられたような電力需要パターンの変化もまた観測されることになるだろう。今後エネルギーと関わりを持つすべての事業者は、足元のエネルギー需給の変化に対応しながらも、それぞれの立場に基づく中長期展望を描きつつ、ゴールイメージを持って事業展開を図っていくことが求められるだろう。三菱総合研究所としても、本書で示した2050年のビジョンをアップデートしていくことに加え、近未来の将来像についても引き続き考えていきたい。

おわりに

世界の気候変動に関して、IPCCの科学的知見も踏まえたCOP21でパリ協定が採択され、2016年11月に発効した。パリ協定は、世界全体の平均気温の上昇を工業化以前よりも2℃より十分低く保ち、1.5℃に抑える努力をすることで、世界全体でのカーボンニュートラルを達成することを目指している。国際的議論は、21世紀半ばの脱炭素社会実現に向けての新たな局面を迎えていると言える。

また、日本においては、環境・エネルギーに係る社会システムが大きな変革期を迎えている。甚大な被害をもたらした東日本大震災により、日本のエネルギーシステムは、需給構造の大転換を余儀なくされるとともに、2018年9月の北海道胆振東部地震に伴う北海道全域の停電「ブラックアウト」により、日本の電力システムの脆弱性が浮き彫りとなり、電力システム全体の再構築を迫られている。

そのため、2018年7月に閣議決定された第5次エネルギー基本計画においては、3E＋S（Safetyを前提としたうえで、Energy security、Economic efficiency、Environment）の重要性が再確認され、電力・ガスシステム改革や固定価格買取制度に基づく再生可能エネルギーの大量導入をはじめとする大きな構造改革が進行している。

このように世界的に環境やエネルギーを取り巻く社会潮流が大きく変容するなかで、三菱総合研究所の環境・エネルギー事業本部では、政府機関や民間企業に対して、環境・エネルギーに関する長期予測や技術予測、さらにはビジネスコンサルティングを手掛けている。社会潮流が大きく変化し、イノベーションが進展し、政策も変化するなかで、お客様からのご依頼事項が従来にも増して複雑・多岐にわたっている。

例えば、ブロックチェーン技術を活用した新しい取引の在り方、レジリエンスを強化するエネルギー供給システム、オフグリッドの在り方、供給者と需要家をつなぐ理想のエネルギーの在り方など、相互の関係性のなかで社会課題の解決が求められており、三菱総合研究所では、科学的な根拠をベースとしながら課題解決に取り組んでいる。そのため、本書が環境やエネルギー業界で活躍する方々にご活用いただければ幸いである。

最後に、本書を取りまとめるにあたり、社内外のさまざまな方々から示唆に富んだご意見をいただき、感謝の意を示したいと思う。また、本書を刊行するにあたっては、株式会社エネルギーフォーラム出版部の山田衆三氏にご支援いただいたこと、改めて感謝したい。

新型コロナウイルスによる世界のエネルギー需要へのインパクトは第2次世界大戦以来、最大になるのではないかと言われている。緊急追補「新型コロナウイルスによる電力需要への影響」は、2020年4月中旬までのデータを活用した序章的な分析に留まっているが、今後とも分析を継続するなかで、不連続な変化に対応した将来あるべきエネルギー需給の未来像を描いていきたい。

2020年5月吉日

株式会社三菱総合研究所
シンクタンク部門　環境・エネルギー事業本部長
佐々田 弘之

〈脚注〉

1 「気候変動に関する政府間パネル（IPCC：Intergovernmental Panel on Climate Change）」は、人為起源による気候変化、影響、適応及び緩和方策に関し、科学的、技術的、社会経済学的な見地から包括的な評価を行うことを目的として、1988 年に世界気象機関（WMO）と国連環境計画（UNEP）により設立された組織

2 パリ協定についての詳細は、資源エネルギー庁ウェブサイト参照 https://www.enecho.meti.go.jp/about/special/tokushu/ondankashoene/pariskyotei.html

3 国立社会保障・人口問題研究所　日本の将来推計人口（平成 29 年版）http://www.ipss.go.jp/pp-zenkoku/j/zenkoku2017/pp29_gaiyou.pdf

4 東京電力パワーグリッド株式会社「平成 28 年 10 月 12 日に都内で発生した停電を踏まえた対応に関する報告」2016 年 12 月 16 日　http://www.tepco.co.jp/pg/company/press-information/information/2016/pdf/161216a.pdf

5 東京電力パワーグリッド株式会社ウェブサイト　http://www.tepco.co.jp/pg/electricity-supply/operation/line.html

6 総合資源エネルギー調査会　電力・ガス事業分科会　電力・ガス基本政策小委員会／産業構造審議会　保安・消費生活用製品安全分科会　電力安全小委員会　合同電力レジリエンスワーキンググループウェブサイト　https://www.meti.go.jp/shingikai/enecho/denryoku_gas/denryoku_gas/resilience_wg/index.html

7 資源エネルギー庁『エネルギー白書 2019』2019 年 6 月 https://www.enecho.meti.go.jp/about/whitepaper/2019pdf/

8 三菱総合研究所ウェブサイト「未来社会構想 2050 を発表」https://www.mri.co.jp/knowledge/insight/ecovision/20191011.html

9 タイムズ 24 株式会社ニュースリリース「【タイムズ 24】カーシェアリングサービス「タイムズカープラス」会員数 100 万人突破！　http://www.times24.co.jp/news/2018/07/20180703-1.html

10 Peer to Peer の略。Peer とは、「対等者」という意味で、通信分野において複数の端末間で通信を行う方式として、Peer to Peer（P2P）という用語が用いられるようになった。エネルギー分野では、個々の分散型リソース間の直接的な電力取引を指して、P2P という用語が用いられている。ここでは、荷主と物流の担い手間の取引を P2P という用語で表現している

11 一般社団法人太陽光発電協会「災害時における太陽光発電の自立運転についての実態調査結果」 http://www.jpea.gr.jp/topics/191017.html、http://www.jpea.gr.jp/topics/181018.html

12 未来社会においては、電力料金は一律ではなく、電力を取引する市場（卸電力市場）の価格と連動してリアルタイムに変動すると予想される

13 送配電事業者が所有する配電網ではなく、例えば、分散型電源の設置者などが自ら敷設する電線のこと

14 https://www.mri.co.jp/knowledge/insight/ecovision/20191011.html

15 国立社会保障・人口問題研究所の市区町村別推計値は、2045 年までとなっているため、2045 年→ 2050 年の人口は 2040 年→ 2045 年と同様に減少すると仮定して算出した
16 自動運転に関する詳細は 2.2 も参照
17 自給率＝その区域での再生可能エネルギー供給量／その区域の民生・農林水産業用エネルギー需要量（2018 年３月末時点の数値）
18 農林水産政策研究所（2014）「人口減少と高齢化の進行が農村社会にもたらす影響－西暦 2050 年における農村人口と集落構造の予測結果から－」、農林水産省ウェブサイト：食料・農業・農村政策審議会　企画部会（平成 26 年６月 27 日）配布資料 3-2　http://www.maff.go.jp/j/council/seisaku/kikaku/bukai/H26/pdf/140627_03_02.pdf
19 農林水産省ウェブサイト　https://www.maff.go.jp/j/zyukyu/zikyu_ritu/011.html
20 一般社団法人日本経済団体連合会ウェブサイト https://www.keidanren.or.jp/policy/2018/074_honbun.pdf
21 資源エネルギー庁、2017 年度　総合エネルギー統計（エネルギーバランス表）より
22 スマートエナジー磐田株式会社ホームページ　http://se-iwata.jp/index.html
23 環境省、環境モデル都市「小国町」の取り組み　地熱とバイオマスを活かした農林業タウン構想　http://www.env.go.jp/policy/local_keikaku/training2018/siryou/kyushu-2.pdf
24 自然エネルギー財団、地熱発電で年間６億円の収入を過疎の町に—熊本県・小国町の住民 30 人が合同会社で事業化—　https://www.renewable-ei.org/column_r/REapplication_20170725.php
25 外務省、ラオス人民民主共和国　基礎データ https://www.mofa.go.jp/mofaj/area/laos/data.html
26 JICA、ラオスの電力事情 https://www.jica.go.jp/priv_partner/information/2018/ku57pq00002aw02r-att/Laos.pdf、
27 日本の将来推計人口（平成 29 年推計）、国立社会保障・人口問題研究所 http://www.ipss.go.jp/pp-zenkoku/j/zenkoku2017/pp29_gaiyou.pdf
28「総合資源エネルギー調査会　基本政策分科会　持続可能な電力システム構築小委員会　中間とりまとめ（案）」では、主要系統から切り離された独立系統（遠隔分散型グリッド）が登場することを念頭に、「一般送配電事業者が系統運用と小売供給を一体的に行う新たな仕組みの導入を進めることが必要」としている
29 環境省「平成 30 年度パリ協定等を受けた中長期的な温室効果ガス排出削減達成に向けた再生可能エネルギー導入拡大方策検討調査委託業務報告書」2.1 太陽光の導入加速化・最大化に向けた具体方策の検討
30 資源エネルギー庁　第５次エネルギー基本計画 https://www.meti.go.jp/press/2018/07/20180703001/20180703001-1.pdf
31 調整力などの提供の場合には、充電と放電の両方の機能が活用される
32 https://www.mri.co.jp/news/press/20180709-01.html、https://www.mri.co.jp/news/press/i6sdu60000008ion-att/nr20180709pec_02_3_point3.pdf
33 経済産業省　エネルギー・環境技術のポテンシャル・実用化評価報告書 https://www.meti.go.jp/press/2019/06/20190610002/20190610002.html
34 経済産業省　カーボンリサイクル技術ロードマップ https://www.meti.go.jp/press/2019/

06/20190607002/20190607002.html

35 革新的環境イノベーション戦略（案） https://www.kantei.go.jp/jp/singi/tougou-innovation/dai6/siryo3-2.pdf

36 2013年頃、太陽光バブル崩壊を受けて急落したが、近年、再び増加傾向となっている

37 導入ポテンシャルは2,370万kWだが、資源エネルギー庁の試算では、「環境規制の緩和を想定した開発を見込み、中・小規模開発について、今後も開発が順調に進行すると想定した場合」でも導入可能量は140万kW（既設含む）となっている（第4回長期エネルギー需給見通し小委員会資料）

38 海洋エネルギー発電技術の詳細は、『NEDO再生可能エネルギー技術白書（第2版）』の「第6章　海洋エネルギー」にまとめられている https://www.nedo.go.jp/content/100544821.pdf

39 国立研究開発法人産業技術研究所ウェブサイト https://www.aist.go.jp/aist_j/press_release/pr2018/pr20180131/pr20180131.html

40 例えば、三菱総合研究所では、未来共創イノベーションネットワークを通じて国内外の社会課題解決に資するオープンイノベーションを促進するプラットフォームを運営している https://incf.mri.co.jp/index.html

本書における図表の出所となっているウェブサイトは、すべて2020年1月に閲覧したものである。

〈用語集〉

用語	説明
アグリゲーター	需要家側エネルギーリソースや分散型エネルギーリソースを統合制御し、VPP や DR からエネルギーサービスを提供する事業者。
エネルギーキャリア	エネルギーを貯蔵・輸送する際の媒体のこと。将来、再生可能エネルギー由来の電力が大量に余る場合には、電気を水素やメタンといった別のエネルギーキャリアに変換して貯蔵・輸送する可能性がある。
エネルギーリソース	太陽光発電などの発電設備に加え、需要家の敷地内にある制御可能なエネルギー設備の総称。自家発電設備や蓄電池、空調機器、照明機器、住宅の屋根に搭載されている太陽光発電パネルなど、さまざまな機器が該当する。
カーボンリサイクル	CO_2 を回収して化学品や燃料、鉱物などに変換して利用する技術。
気候変動枠組条約	大気中の温室効果ガスの濃度を気候体系に危害を及ぼさない水準で安定化させることを目的とした条約（1992 年5月に起草、1994 年3月に発効）。
京都議定書	気候変動枠組条約の附属書I国先進国に対して温室効果ガスの排出削減目標などを定めたもので、1997 年に京都で開催された第3回気候変動枠組条約締約国会議（COP3）にて採択された。
グリーン電力証書	再生可能エネルギーにより発電された電力が有する環境価値（CO_2 削減価値など）について、第三者の認証を経て、その価値を証明するもの。再生可能エネルギー由来の電力と切り離され、証書だけでの取引が可能。
系統／電力系統	発電所から需要家まで電力を送り届けるシステム全体（発電、変電、送電、配電）。
自営線	一般送配電事業者が所有する配電網ではなく、例えば、分散型電源の設置者などが自ら敷設する送電網。
需給調整市場	電力システムにおいて、需給バランスや電力品質を調整するために必要な調整力を調達する市場のこと。2021 年度に創設される予定。

用語	説明
需要家	電力などのエネルギーを最終的に消費する主体。
ソーラーシェアリング	農地に支柱を立てて太陽光発電設備を設置し、農業と発電とを同時に行う営農型発電設備。
託送料金	電力を送るために使用する送配電網の利用料金のことであり、送配電網を所有する一般送配電事業者に対して支払われる。
脱炭素社会	21 世紀後半に温室効果ガスの人為的な発生源による排出量と吸収源による除去量との間の均衡（世界全体でのカーボンニュートラル）を達成すること（「パリ協定に基づく成長戦略としての長期戦略」による）。
調整力	電力システムにおいて、需給バランスや電力品質を調整するために予め確保されている電源。従来は電力会社の大型発電所が、その役割を担っていたが、蓄電池などの分散型エネルギーリソースの活用も期待されている。
ディマンドレスポンス	需要家側エネルギーリソースを制御することで、電力需要パターンを変化させること。
電力システム改革	「電力システム改革に関する改革方針（平成 25 年4月に閣議決定）」において決定された、①広域系統運用の拡大、②小売及び発電の全面自由化、③法的分離の方式による送配電部門の中立性の一層の確保という3段階からなる改革。
パリ協定	すべての締約国が参加する公平かつ実効的な枠組みとして、2015 年にパリで開催された第 21 回気候変動枠組条約締約国会議（COP21）にて採択。世界共通の長期削減目標として、産業革命前からの気温上昇を2℃未満に抑制することなどを規定。
パワーコンディショナー	太陽光発電システムや家庭用燃料電池利用にあたり、発電された直流の電気を交流に変換し、家庭用電気機器で使えるようにする機器。
ピークカット	電力需要の大きい時間帯に節電などによって消費量を減らすこと。
ピークシフト	電力需要の大きい時間帯の電力需要を、別の時間帯に移動させること。例えば、蓄電池などを使って夜間の安い電力を貯め、価格の高い昼間に使う取り組みも含む。

用語	説明
非化石価値取引市場	非化石電源（再生可能エネルギー、原子力）からの電気の持つ「非化石価値」を証書化し、取引するために創設された市場。
プロシューマー	エネルギーのプロデューサー（生産者）であり、コンシューマー（消費者）であること。具体的には、太陽光発電などによってエネルギーを自ら生産（・貯蔵）・販売する需要家。
分散型エネルギーリソース	大規模・集中型のエネルギーに対する用語として、比較的小規模であって、地域に分散しているエネルギー供給設備。
マイクログリッド	大規模な発電所に依存せず、一定エリア（コミュニティ）の中で、エネルギーリソースを高度に運用し、需給バランスを保つエネルギーシステムのこと。
マルチモーダルサービス	複数の交通モーダル（鉄道・バス・タクシー・カーシェアなど）を統合し、アプリを通じて一元的な検索・予約・決済を実現するサービス。
容量市場	発電電力量（kWh）ではなく、発電能力（kW）を取引する市場であり、電源の適切な新設・リプレースを促進することで日本全体の供給力を将来にわたって効率的に確保するための仕組み。2020 年度に創設される。
レジリエンス	災害などの危機に対する強靭性。災害などの外力からの防護のみならず、抵抗力、回復力を含む概念。
BCP（Business Continuity Plan）	企業が自然災害などの緊急事態に遭遇した場合に、事業資産の損害を最小限にとどめつつ、事業の継続あるいは早期復旧を可能とするために、平常時に行うべき活動や緊急時における事業継続のための方法、手段などを取り決めておく計画。
CCUS（Carbon dioxide Capture, Utilization and Storage）	火力発電所などからの排気ガス中の二酸化炭素（Carbon dioxide）を分離・回収（Capture）し、有効利用（Utilization）、又は地下へ貯留（Storage）する技術。
CDP	2000 年に設立された Carbon Disclosure Project が前身となっている国際 NGO（非政府組織）であり、投資家・企業・都市・国家・地域が環境影響を管理するためのグローバルな情報開示システムを運営している。

用語	説明
CO_2 フリー（カーボンフリー）水素	CO_2 排出量を抑えた方法で生産された水素。具体的には、再生可能エネルギーによる水素製造と、化石燃料からの水素製造と CO_2 地中貯留の組み合わせの2手法が挙げられる。
CO_2 フリー電源	再生可能エネルギーなど、発電時に CO_2 を排出しない電源（水素発電も含まれるが、原料となる水素自体も低炭素な製造方法である必要がある）。
COP（Conference of the Parties）	本書では、気候変動枠組条約の締約国会議のことを指す。
EMS(Energy Management System)	エネルギー消費量を把握・分析し、最適制御を行うことで消費量や最大需要の削減につなげるためのシステム。住宅単位の HEMS、非住宅建物単位の BEMS、工場単位の FEMS、エリア単位の CEMS など、さまざまな単位での EMS が存在する。
IPCC(Intergovernmental Panel on Climate Change)	気候変動に関する政府間パネル。人為起源による気候変化、影響、適応及び緩和方策に関し、科学的、技術的、社会経済学的な見地から包括的な評価を行うことを目的として 1988 年に世界気象機関と国連環境計画により設立された組織。
J －クレジット	省エネルギー機器の導入や森林経営などの取り組みによる、CO_2 などの温室効果ガスの排出削減量や吸収量を国が認証したクレジット。
P2P（Peer to Peer）	対等な者同士が直接通信を行う仕組みのことを指し、エネルギーについては需要家同士が直接取引を行うことを意味する。
RE100	企業で活用する電気を実質的に再生可能エネルギー由来電力100％で賄うことを目指す国際的なイニシアティブ。
SBT（Science Based Targets）	気候変動による気温上昇を、産業革命前に比べ「2℃未満」にするために、企業が科学的知見に基づく削減シナリオと整合的に削減目標を設定するイニシアティブ。
TCFD（Task force on Climate-related Financial Disclosures）	G20 の要請を受け、金融安定理事会（FSB）により、気候関連の情報開示及び金融機関の対応を検討するために設立された気候変動関連財務情報開示タスクフォースのこと。

用語	説明
V2H（Vehicle to Home）	電気自動車などに蓄えた電気を家で使う仕組み。
VPP（Virtual Power Plant）	分散型エネルギーリソースを IoT で制御し、あたかも発電所と同等の機能を提供する技術。

〈執筆者紹介〉

■構成・監修

園山 実（そのやま・みのる）

株式会社三菱総合研究所　コンサルティング部門統括室長　兼　シンクタンク部門統括室副室長

前環境・エネルギー事業本部　本部長（2016 年 10 月～ 2019 年9月）

1967 年生まれ、埼玉県出身。1991 年に東京大学工学部精密機械工学科卒業後、株式会社三菱総合研究所に入社。各種将来エネルギー需給展望、先端技術評価、再生可能エネルギー事業開発などに従事。日本プロジェクト産業協議会地域経営委員会委員、くまもと県民発電所認証委員会委員。

佐々田 弘之（ささだ・ひろゆき）

株式会社三菱総合研究所　環境・エネルギー事業本部

本部長

1967 年生まれ、奈良県橿原市出身。1992 年に大阪大学大学院工学研究科修士課程修了後、株式会社三菱総合研究所に入社。主にエネルギー分野における新規事業の開発支援、エネルギー経済分析、スマートメーターやディマンドレスポンスなどにかかる実証などに従事。一般財団法人ヒートポンプ・蓄熱センター企画運営委員長。

■執筆・編集

髙島 由布子（たかしま・ゆふこ）

株式会社三菱総合研究所　環境・エネルギー事業本部　副本部長 兼 海外事業本部

技術士　（環境分野）

1975 年、神奈川県横浜市生まれ。2000 年に慶応義塾大学大学院理工学研究科修士課程修了後、株式会社三菱総合研究所に入社。主に民間企業向けの環境・エネルギー分野新規事業開発コンサル、環境ビジネス海外展開支援、環境・エネルギー技術開発戦略策定支援に従事。国立研究開発法人科学技術振興機構（JST）未来社会創造事業・探索加速型「持続可能な社会の実現」領域運営会議専門委員。

井上 裕史（いのうえ・ゆうし）

株式会社三菱総合研究所　環境・エネルギー事業本部
脱炭素ソリューショングループリーダー

1974年、福島県いわき市生まれ。1999年に東京工業大学大学院理工学研究科修士課程修了後、株式会社三菱総合研究所に入社。2002年から3年間、経済産業省資源エネルギー庁長官官房総合政策課（当時）に出向。主に再生可能エネルギー政策立案・実行支援、エネルギーモデル・電力需給シミュレーションモデルを用いた定量分析業務に従事。

小川 崇臣（おがわ・たかおみ）

株式会社三菱総合研究所　環境・エネルギー事業本部
脱炭素ソリューショングループ　兼　政策・経済研究センター

1983年、愛知県名古屋市生まれ。2009年に早稲田大学大学院創造理工学研究科修士課程修了後、株式会社三菱総合研究所に入社。主に民生部門のエネルギー政策立案・実行支援、民間企業における環境・エネルギー分野に関するコンサルティングに従事。

■執筆

河村 好一（かわむら・こういち）

株式会社三菱総合研究所　環境・エネルギー事業本部　スマートコミュニティグループ

1982年、長崎県長崎市生まれ。2007年に東京大学大学院新領域創成科学研究科先端エネルギー工学専攻修士課程修了。電機メーカーでの生産技術開発や水素エネルギー事業開発に従事後、2017年に株式会社三菱総合研究所に入社。民間・自治体の水素関連事業の開発支援や事業性分析を担当。

田中 秀尚（たなか・ひでひさ）

株式会社三菱総合研究所　環境・エネルギー事業本部　スマートコミュニティグループ

1958年、福岡県久留米市生まれ。1982年に九州大学工学部動力機械工学科卒業。自動車メーカーで高出力レースエンジン／ハイブリッドエンジンの設計開発に従事後、1990年に株式会社三菱総合研究所に入社。国や自治体の政策立案・実行支援、民間企業の新規事業コンサルに従事。国立研究開発法人新エネルギー・産業技術総合開発機構（NEDO）技術評価委員、公益社団法人自動車技術会モータースポーツ部門委員会委員。

寺澤 千尋（てらさわ・ちひろ）

株式会社三菱総合研究所　環境・エネルギー事業本部　スマートコミュニティグループ

1982年、鹿児島県種子島生まれ。2008年に大阪大学大学院環境・エネルギー工学専攻を修了後、株式会社三菱総合研究所に入社。再生可能エネルギー全般に係る技術調査、政策立案・実行支援、再生可能エネルギーと地域のエネルギーリソースの統合に係るコンサルティング業務に従事。一般社団法人海洋エネルギー利用推進機構執行役員。

橋 徹（はし・とおる）

株式会社三菱総合研究所　環境・エネルギー事業本部　環境イノベーショングループ

1961年、兵庫県神戸市生まれ。1985年に広島大学総合科学部卒業、システムインテグレーション企業にて環境情報システム開発に従事した後、1989年に株式会社三菱総合研究所に入社。主に地域創生に関わる事業開発、環境ビジネス分野のコンサルティング業務に従事。特に、循環産業の海外展開戦略・実証支援、民間企業や官公庁の自然資産の保全・活用方策に関わる業務など。

長谷川 功（はせがわ・いさお）

株式会社三菱総合研究所　環境・エネルギー事業本部　エネルギーシステム戦略グループ

1982年、千葉県船橋市生まれ。2007年に早稲田大学大学院理工学研究科環境・エネルギー専攻修士課程修了後、株式会社三菱総合研究所に入社。東日本大震災直後の2011年4月から3年間、経済産業省資源エネルギー庁長官官房総合政策課（当時）に出向。出向帰任後はVPP・蓄電池関連の市場調査・新規事業開発支援を担当。

冨士田 峻（ふじた・りょう）

株式会社三菱総合研究所　環境・エネルギー事業本部　エネルギーシステム戦略グループ

1992年、山形県山形市生まれ。2018年に東京大学大学院工学系研究科修士課程修了後、株式会社三菱総合研究所に入社。主に国内外の電力システム制度調査や民間企業におけるエネルギー分野に関するコンサルティング業務に従事。

細田 幸佑（ほそだ・こうすけ）
株式会社三菱総合研究所　環境・エネルギー事業本部　環境イノベーショングループ
1991年、埼玉県浦和市（現さいたま市）生まれ。2016年に早稲田大学大学院創造理工学研究科修士課程修了後、株式会社三菱総合研究所に入社。官公庁や民間企業の主に資源・リサイクルに関連した調査研究業務に従事。

三浦 大助（みうら・だいすけ）
株式会社三菱総合研究所　環境・エネルギー事業本部　エネルギーシステム戦略グループ
1977年、岡山県岡山市生まれ。2003年に京都大学大学院エネルギー科学研究科修了後、株式会社三菱総合研究所に入社。主に電力システム改革を踏まえた事業戦略策定プロジェクトや、分散型エネルギーリソースを用いた事業開発に従事。2012年から2014年にかけて世界銀行エネルギー専門官としてベトナム駐在。

我孫子 尚斗（わびこ・なおと）
株式会社三菱総合研究所　環境・エネルギー事業本部　脱炭素ソリューショングループ
1994年、山形県鶴岡市生まれ。2019年に筑波大学大学院環境科学専攻を修了後、株式会社三菱総合研究所に入社。主に国や自治体におけるエネルギー分野に関する調査及び定量分析業務に従事。

三菱総研が描く　2050年エネルギービジョン

2020年7月15日　第一刷発行

著　者　三菱総合研究所　環境・エネルギー事業本部

発行者　志賀正利

発行所　株式会社エネルギーフォーラム
〒104-0061 東京都中央区銀座5-13-3　電話 03-5565-3500

印刷・製本所　中央精版印刷株式会社

ブックデザイン　エネルギーフォーラム デザイン室

定価はカバーに表示してあります。落丁・乱丁の場合は送料小社負担でお取り替えいたします。

　ISBN978-4-88555-510-7